Les femmes et le travail

Nouvelles inégalités, nouveaux enjeux

Maquette
Guy Bricheteau

VO ÉDITIONS
La Vie Ouvrière
263, rue de Paris
93516 Montreuil cedex

Tél. 01 49 88 68 51

e-mail : vo.editions@la-vie-ouvriere.fr

ISBN : 2-913462-006

Iseres/Ugict

Les femmes et le travail

Nouvelles inégalités, nouveaux enjeux

Séminaire 1998-1999

Sous la direction de Rachel Silvera

VO ÉDITIONS

Sommaire

Cette recherche a été effectuée par l'Institut syndical d'études et de recherches économiques et sociales (Iseres) dans le cadre de la convention conclue entre l'Institut de recherches économiques et sociales au service des organisations syndicales représentatives des travailleurs (Ires), et la CGT (projet n° 3-5 de 1998).

Intod uction

Rachel Silvera *

L'activité des femmes connaît d'importantes mutations et soulève de nombreuses questions. L'objet de cet ouvrage est de présenter le plus fidèlement possible le contenu d'un séminaire réunissant des chercheurs et des syndicalistes au cours des années 1998 et 1999. L'objectif était de faire un tour d'horizon des thèmes de recherche en cours sur la place des femmes au travail. Pour chaque thème retenu nous avons fait appel à des spécialistes ou expert(e)s afin d'avoir une vision d'ensemble des travaux existants sur ces questions, tant sur un plan théorique que sur la base de matériaux empiriques. L'objectif est ici d'avoir de véritables échanges entre recherche et pratiques syndicales. Ce but est largement atteint, comme en témoignent les comptes-rendus de débats particulièrement riches et animés.

La première interrogation générale, traitée dans l'ouvrage, porte sur la place des femmes sur le marché du travail : constate-t-on un maintien des inégalités ou au contraire, assiste-t-on à de véritables avancées dans le monde du travail ? Différentes contributions à ce séminaire ont tenté d'apporter des réponses. Globalement, le climat est préoccupant : que l'on porte son regard au niveau européen, ou seulement français, les inégalités se déplacent en partie mais persistent. Si certains pays sont plus égalitaires que d'autres, grâce notamment à l'existence de réseaux institutionnels et à l'état des relations

---

* *Directrice scientifique du séminaire*

professionnelles, il n'empêche ; aucun pays ne peut prétendre avoir atteint une véritable égalité entre hommes et femmes sur le marché du travail... Que ce soit dans l'accès aux postes qualifiés, en termes de statut et de précarité et notamment de temps partiel, ou encore de salaires, les inégalités ont la vie dure...

Ce volet correspond aux deux premiers chapitres de l'ouvrage. Le premier chapitre nous invite à un tour d'horizon de l'emploi des femmes en Europe. Margaret Maruani, sociologue, est directrice de recherche au CNRS, elle a dirigé toutes ces dernières années le Mage (Marché du travail et Genre) qui est un groupe de recherche du CNRS sur ces questions, tant pluridisciplinaire qu'européen. Le second chapitre porte plus précisément sur les inégalités de salaires, thème de recherche sur lequel je travaille depuis plusieurs années, en tant qu'économiste, mais avec la volonté de sortir d'approches trop réductrices et d'intégrer des logiques sociales, politiques et institutionnelles. Comment, en effet, comprendre la persistance des inégalités salariales sans prendre en compte certaines représentations sociales dont sont toujours victimes les femmes ? L'idée d'un salaire d'appoint dont se contenteraient les femmes persiste et alimente ce que Thérèsa Torns appelait à propos du chômage « une tolérance sociale » aux inégalités et qui s'applique encore à bon nombre d'autres domaines...

Autour de ce thème général, des approches plus fines sont nécessaires : où en est-on par exemple dans l'accès des femmes aux postes de décision ? Sont-elles plus nombreuses à entrer dans les « filières d'excellence » ? Quel est le rôle de leur niveau de diplôme ? Jacqueline

Laufer, professeur, sociologue à HEC ainsi que Catherine Marry, sociologue chargée de recherches au CNRS, sont toutes deux les nouvelles directrices du Mage. Jacqueline Laufer travaille depuis longtemps sur les femmes cadres. Elles montrent les progrès parcourus dans ce domaine, sans pour autant négliger la persistance du fameux « plafond de verre » que rencontrent les femmes pour accéder aux états-majors des grandes entreprises... Catherine Marry complète différemment ce tableau. Elle s'intéresse, quant à elle, aux femmes dans les filières d'excellence comme les Ecoles normales et polytechniques. Au lieu de souligner, comme souvent, les seuls freins rencontrés dans ces parcours féminins, elle choisira au contraire de se focaliser sur celles qui ont réussi à entrer dans ces univers. Ont-elles pour autant adhéré au « modèle masculin » d'activité ? Marlaine Cacouault, quant à elle, sociologue, maître de conférences à l'université de Paris V, s'intéresse à l'usage du diplôme dans la carrière, à travers l'exemple des enseignants. Elle fait appel à l'histoire pour montrer comment le choix de l'enseignement pour les femmes diplômées est révélateur de contradictions et de difficultés à valoriser leur diplôme.

Par ailleurs, différents thèmes d'actualité méritaient toute notre attention : le développement des emplois de service et la professionnalisation de l'aide à domicile concernent désormais tout particulièrement l'emploi des femmes ; comment se construit une telle profession ? Quelle place est accordée à certaines compétences domestiques ? Sont-elles transférables et comment les valoriser ? Brigitte Croff et Micheline Mauduit ont une approche de terrain puisqu'elles ont elles-mêmes piloté des programmes de formation destinés aux salarié(e)s de l'aide à domicile. Elles montrent ainsi tous les enjeux mais aussi les contradictions inhérentes à la construction d'une telle profession, à la frontière entre univers public (l'espace du marchand et du travail rémunéré) et univers privé (l'espace du domestique et du travail non rémunéré).

Le temps de travail est évidemment un thème important dans le contexte de la loi sur les 35 heures. Force est de constater que peu de débats introduisent la question de l'égalité dans le cours des négociations. Qu'en est-il dans les pratiques d'entreprises ? Ici aussi, des risques nouveaux de discrimination apparaissent dans certaines mesures et certains accords : derrière des accords collectifs, le temps partiel occupe une place secondaire et pourtant il tend à se développer, comme le montre l'étude que j'ai présentée dans ce séminaire.

Enfin, de nombreux débats alimentent la politique familiale actuelle. Un tour d'horizon des dispositifs d'aide à la prise en charge de la petite enfance nous permet d'observer comment est traitée l'activité féminine par la politique familiale. Malgré un discours affiché en faveur de l'égalité, certaines mesures apparaissent au contraire défavorables à l'emploi des femmes, comme l'allocation parentale d'éducation. Et c'est une spécialiste, conseillère à la Cnaf, Danielle Boyer, qui nous en parle sans détour.

Globalement, on le voit, le rôle des acteurs – l'État, les syndicats, les employeurs – est au cœur de ces débats. Sans être alarmiste, on ne peut pas considérer que la période ait favorisé des avancées notables dans le domaine de l'égalité entre les femmes et les hommes dans l'emploi et le travail. Les frontières restent importantes, même si elles tendent à se déplacer. Plus que jamais, un fossé se creuse entre politiques affichées, cadre législatif favorable à l'égalité et pratiques effectives laissant ces inégalités dans l'ombre... Espérons que la rencontre entre univers de chercheurs et syndicalistes se poursuive et puisse contribuer à réduire de tels écarts, à faire émerger au grand jour tous les enjeux de l'égalité entre les genres…

Valérie Estournès *

Se donner du temps, construire du sens : telle est notre motivation. Elle nous a conduit à la mise en place du séminaire « Travail, Culture, Entreprise », consacré aux femmes, et dont nous vous présentons ici les temps forts. Ils illustrent bien notre conception de la relation qui existe entre le temps de l'action syndicale et celui de la réflexion.

Lieu d'échanges, de confrontations des idées et des expériences de syndicalistes et de chercheurs, ce séminaire nous a permis en tant qu'organisation syndicale de bénéficier des recherches en sciences sociales et d'enrichir nos propres réflexions.

Sensible au renouveau du mouvement féministe et des débats publics sur la parité, partie prenante de l'orientation confédérale qui appelle à une féminisation plus importante des organismes de direction de toute la CGT, l'Ugict s'est, par ailleurs, dotée d'un collectif de travail consacré aux femmes.

Cette activité s'est construite autour de la place des ingénieurs, cadres, techniciennes dans l'emploi et le travail. Sans écarter les questions relatives au hors travail, dont celles aussi importantes que la violence conjugale, la contraception et l'avortement, la parité en politique... nous avons fait le choix de privilégier une approche par le travail, ce qui fonde notre rôle d'organisation syndicale et correspond à notre champ d'intervention traditionnel. Ce choix nous a permis de questionner les mutations du travail et de promouvoir des formes d'organisa-

* *Secrétaire nationale de l'Ugict*

tion socialement et économiquement innovantes, émancipatrices. Il nous a particulièrement permis d'engager la réflexion et l'action autour du temps de travail des femmes cadres, ingénieurs, techniciennes.

A partir du constat de la difficile conciliation des différents temps de vie, nous avons organisé trois journées d'étude interprofessionnelles – « le temps de travail au féminin pluriel » ; « les conditions de travail au féminin pluriel » ; « l'égalité professionnelle : un engagement singulier ». Ces rendez-vous nationaux ont nourri des dynamiques locales. Plus encore, ils ont permis, à l'occasion des débats et mobilisations concernant la réduction légale de la durée du travail, de pointer les discriminations indirectes contenues dans le projet de loi et de proposer aux femmes des formes particulières d'engagement pour défendre l'égalité professionnelle, dimension nécessaire pour que la loi sur la réduction du temps de travail soit réellement synonyme de progrès social.

A tâtons parfois, de manière empirique le plus souvent, nous avons ces dernières années vérifié qu'une approche syndicale spécifique à ces catégories de femmes qualifiées est pertinente : l'accès à la formation professionnelle, aux fonctions de direction, la reconnaissance de leur qualification ou le temps partiel s'appréhendent de manière différenciée selon le sexe, et/ou le niveau de certification et de qualification.

Ces nombreuses initiatives syndicales nous ont permis de mieux mesurer le poids des discriminations, la volonté des femmes de s'investir dans leur travail, leurs stratégies pour être reconnues.

Nous y sommes parvenus parce que ces initiatives ont avant tout privilégié la parole, la confiance. Quelle meilleure façon d'avancer ensemble et de dégager les revendications du moment présent, à venir ?

Cette qualité d'échange, nous l'avons retrouvé dans le séminaire Iseres/Ugict. Loin de tout formalisme, elle nous a permis d'approfondir nos réflexions, de mesurer dans un même mouvement les avancées et les contradictions dont le mouvement social est porteur. La collaboration de Rachel Silvera pour la direction du séminaire a été essentielle. Les contributions des chercheuses se sont inscrites dans cet état d'esprit. Nous les en remercions chaleureusement. Ce séminaire est ainsi le fruit de ces rencontres et, à ce titre, une aventure humaine passionnante.

Nous avons tenté de la restituer au fil de ces pages. Nous vous proposons de la partager et également d'aller plus loin avec nous à l'occasion du séminaire 1999-2000 qui poursuivra la réflexion grâce à l'apport d'historiennes, de philosophes, de linguistes, de juristes…

Première séance du 22 octobre 1998

Activité, emploi, chômage en Europe

Margaret Maruani *

La différence entre hommes et femmes est une des grandes questions qui se posent dans l'étude du marché du travail. Ce n'est pas un problème spécifique, c'est un des éléments majeurs qui président aux recompositions du monde du travail contemporain.

Ce que nous vivons aujourd'hui, partout en Europe, c'est une situation paradoxale, une transformation sans précédent de la place des femmes dans le salariat, qui ne s'est pas accompagnée d'une rupture des processus inégalitaires.

Vingt ans de chômage, vingt ans de rationnement du travail, n'ont pas entamé la poursuite du mouvement de féminisation de la population active, la continuité de la vie professionnelle des femmes est désormais inscrite dans les comportements d'activité à la manière d'une norme sociale dominante.

Pour autant, ces mutations majeures, n'ont pas cassé les mécanismes d'inégalités entre hommes et femmes. A côté des formes traditionnelles d'inégalités de salaires et de carrières, on a vu de nouvelles modalités de disparités voir le jour : un noyau dur de sur-chômage et du

* *Sociologue, directrice de recherche au CNRS.*

sous-emploi féminins, dont on peut dire qu'ils sont largement tolérés.

La crise de l'emploi n'a pas chassé les femmes de l'emploi, mais elle a considérablement durci les conditions dans lesquelles les femmes travaillent. L'activité féminine prospère mais à l'ombre du chômage. Sur le marché du travail, la féminisation ne rime ni avec mixité, ni avec égalité.

Au regard de l'égalité, la situation comparée des hommes et des femmes n'est pas facile à caractériser. En la matière aucun constat simple n'est sérieux.

Depuis trente ans nous avons connu des bouleversements véritables qui ne sont pas pour autant des ruptures, on a connu des brèches décisives qui ne sont pas définitives. La féminisation du marché du travail est inachevée, inaboutie tant elle s'est faite sous le sceau de l'inégalité, de la précarité.

L'afflux des femmes sur le marché du travail, la percée des scolarités féminines, sont des tournants, non seulement dans l'histoire des femmes et du travail, mais dans l'histoire des rapports entre hommes et femmes. Les avancées s'évaluent en termes de liberté, d'autonomie des femmes, les stagnations et les reculs se nomment sur-qualification, sous-emploi, sur-chômage. C'est là que se construisent les inégalités quotidiennes, c'est là que se construit le « cumul féminin des désavantages acquis » (selon l'expression de Michel Verret).

Il est peu de domaines où des mutations sociales d'une telle ampleur se sont effectuées sur un tel fond d'inégalités. Les progrès sont évidents, tangibles, attestés, en matières d'accès à l'emploi, à l'éducation. Mais dans les domaines de l'égalité des salaires, des carrières, sur le front de la précarité, du chômage et du sous-emploi, l'inégalité est patente, récurrente. Elle est impertinente.

I. Les bouleversements de l'activité féminine

Au bout de 20 ans de crise de l'emploi, l'activité féminine n'a pas cessé de croître. Partout en Europe, l'activité féminine progresse à la façon d'une lame de fond.

Depuis le début des années 60 ce sont les femmes qui ont assuré le renouvellement et l'élargissement de la population active.

1. La part croissante des femmes dans la population active

Dans les années 60, dans toute l'Europe, les femmes représentaient 30% de la population active. Ce chiffre s'élève à 42,5% aujourd'hui (46% en France).

La tendance n'est pas récente, mais elle se maintient depuis le début des années 80 et n'est pas affectée par la crise de l'emploi. Dans tous les pays la part des femmes augmente, par palier régulier. Pour certains pays, qui avaient des taux d'activité féminins plus bas, des mouvements d'accélération ont permis de rattraper la tendance.

C'est le cas de la Belgique, de l'Irlande, des Pays-Bas, de l'Italie et de l'Espagne. Par ailleurs, dans les pays où la participation des femmes était traditionnellement plus élevée, la croissance demeure importante : en France, au Portugal, au Royaume-Uni.

Au total, ce qui est frappant dans cette évolution, c'est la constance. Quel que soit le point de départ, le poids des femmes dans la population active, partout, croît de façon conséquente.

En 1996, dans l'ensemble de l'Europe, quatre actifs sur dix sont des femmes.

Il y a des disparités selon les pays et cette part varie entre le tiers et la moitié des actifs.

On peut les classer en trois groupes :

– là où les femmes représentent entre 45 et 48% des actifs : Finlande, Suède, Danemark, France et Portugal ;

– là où les femmes représentent entre 41 et 44% des actifs (moyenne européenne) : Allemagne (les taux d'activité de l'ex-Allemagne de l'Est étaient beaucoup plus importants que ceux de l'Ouest), l'Autriche, la Belgique, les Pays-Bas, le Royaume-Uni ;

– là où les femmes représentent entre 36 et 38% des actifs : Luxembourg, Italie, Irlande, Grèce, Espagne.

Dans l'Europe des Douze, entre 1965 et 1991, le nombre de femmes ayant un emploi est passé de 40 à 53 millions. Pendant la même période, le nombre d'hommes ayant un emploi a légèrement diminué, de 83 à 82 millions.

Sur la période 1975-1995, on voit à peu près le même phénomène, pour l'Europe des Quinze : l'emploi masculin a stagné autour de 86 millions, l'emploi féminin est passé de 46 millions à 61 millions. Les chiffres plus récents montrent que le phénomène se poursuit, signe que la pénurie d'emplois de ces dernières années, n'a pas affecté le mouvement qui pousse de plus en plus de femmes sur le marché du travail. C'est le signe aussi que la concentration des emplois féminins dans un certain nombre de secteurs (notamment les services) a « préservé » jusqu'à présent les femmes de la crise de l'emploi.

On observe le même phénomène en ce qui concerne le salariat : en 1996, les femmes sont, en Europe, plus salariées en proportion que les hommes, ce qui constitue une première dans l'histoire du salariat. Le taux de salarisation des femmes s'établit à 87% pour l'ensemble de l'Europe, contre 80% pour les hommes. C'est le résultat d'une tendance tout à fait homogène ; dans la dernière décennie, la croissance du salariat a été plus rapide pour les femmes que pour les hommes. C'est particulièrement vrai en France (90% pour les femmes et 84% pour les hommes), où c'est à partir de 1975 que le taux de salarisation des femmes est devenu plus important que celui des hommes.

On peut donc en déduire, d'une part, que la croissance de la population active féminine s'est faite dans une très large mesure par la croissance du salariat, et, d'autre part, que c'est l'activité féminine qui dans les dix ou quinze dernières années, a porté le mouvement de salarisation des forces de travail.

Quel que soit l'indicateur retenu, que l'on prenne l'activité ou l'emploi, la part des femmes s'accroît, leur poids dans l'activité se rééquilibre par rapport à celui des hommes. Ce rééquilibrage ne tient pas seulement à la montée de l'activité féminine, il tient aussi à la forte baisse (notamment en France) des taux d'activité masculins, chez les moins de 25 ans et chez les plus de 50 ans. La France est un des pays où les taux d'activité masculins des moins de 25 ans sont les plus faibles, du fait du maintien des jeunes dans le système scolaire, et chez les plus de 50 ans du fait du développement du système des préretraites. La France est le pays européen qui a le plus concentré l'activité des salariés entre 25 et

49 ans.

Les hommes et les femmes ont suivi des évolutions très différentes en ce qui concerne l'activité ; pour les hommes on observe une baisse de l'activité aux deux extrémités de la pyramide des âges et une stagnation à des niveaux très élevés, aux âges intermédiaires ; pour les femmes on observe des évolutions variables selon les pays pour les jeunes et les plus de 50 ans, et une croissance très forte et générale pour les femmes entre 25 et 49 ans.

De fait, toute l'augmentation de la population active dans toute l'Europe repose sur l'explosion des taux d'activités des femmes de 25 à 49 ans.

2. Les courbes d'activité féminines

On peut lire en creux l'évolution des comportements d'activité des femmes à travers les courbes d'activité (dans l'Europe des Douze, depuis les années 60). De ce point de vue, les années 90 ne font que confirmer une tendance longue qui a pris sa source au début des années 60 et qui, aujourd'hui, a l'allure d'une véritable rupture sociologique : c'est le rapport à l'emploi des femmes de 25 à 49 ans, c'est-à-dire des femmes en âge d'avoir et d'élever des enfants, qui s'est transformé. Plus encore que les taux, ce sont les courbes d'activité qui vont nous renseigner sur les modalités de cette évolution, nous permettre de mesurer le chemin parcouru depuis trente ans, de visualiser pays par pays, le rythme, le sens, le résultat de ces évolutions.

Traditionnellement, on distingue trois courbes d'activité :

– courbe n°1 : une courbe d'activité à une seule crête,

qui désigne un modèle d'inactivité dominante ; les femmes entrent sur le marché du travail, y restent jusqu'à 25 ans. En fait, seules les femmes célibataires ou sans enfants sont fortement présentes sur le marché du travail, l'activité des autres, après le mariage ou la maternité, décline, et elles ne reviennent pas sur le marché du travail ;

– courbe n°2 : la courbe bi-modale, ou courbe en « M » ; définit un modèle d'activité discontinue. La majorité des femmes entrent sur le marché du travail jusqu'à 25 ans, s'arrêtent de travailler entre 25 et 49 ans et reviennent sur le marché du travail après 49 ans ;

– courbe n°3 : courbe en « U » renversé, ou en cloche montre un modèle d'activité continue (c'est la courbe d'activité des hommes). Les femmes ici cumulent activité professionnelle et obligations familiales ; la majorité d'entre elles ne s'arrêtent pas de travailler lorsqu'elles ont des enfants. Cette courbe traduit une homogénéisation des comportements d'activité des femmes et des hommes.

En France, dans les années 60, les femmes avaient une courbe d'activité n°2. Aujourd'hui elle ont une courbe en cloche, signe d'une activité continue. Observons de plus près ces situations.

– Quatre pays, le Danemark, la France, le Royaume-Uni et l'Allemagne (ex-Allemagne de l'Ouest), qui avaient au début des années 60 des courbes d'activité à peu près identiques (courbes bi-modales, avec une chute des taux d'activité des femmes entre 25 et 49 ans autour de 40%). Trente ans plus tard, on voit des évolutions toutes différentes. Au Danemark et en France, les courbes d'activité sont devenues continues. La discontinuité professionnelle n'existe quasiment plus. Au Danemark, l'évolution s'est faite par paliers successifs et réguliers, en France le décollage s'est produit plus brutalement après 1968.

En Allemagne et au Royaume-Uni, la courbe d'activité est restée bi-modale. Plus de femmes travaillent certes, mais elles continuent de s'arrêter de travailler lorsqu'elles ont des enfants. La norme sociale reste la discontinuité.

– Autre cas de figure, les pays de l'Europe du Sud, Espagne, Grèce, Italie et Portugal. Ils avaient en commun, dans les années 60, la même courbe, modèle n°1, avec de très faibles taux d'activité des femmes aux âges intermédiaires (autour de 20%). Au fil des années, les modèles ont radicalement divergé, se sont diversifiés au point qu'il n'y a plus de modèle « Europe du Sud ». En Italie et en Espagne, la courbe a gardé la même forme mais le niveau d'activité a augmenté, plus vite et plus fort en Italie, mais le point culminant se situe toujours autour de 25 ans. Plus de femmes sont actives, mais une bonne partie d'entre elles cesse de travailler définitivement après 25 ans. Ces retraits du marché du travail sont moins fréquents à 30 ans qu'à 40 ans, il y a donc un phénomène de génération qui présage des évolutions différentes pour la suite.

La Grèce est le seul pays où l'on a vu des diminutions des taux d'activité féminins entre 1960 et 1980, la remontée commence alors, pour arriver en 1991 à une courbe proche de celles de l'Espagne et de l'Italie.

Le Portugal commence en 1960 avec des taux d'activité très bas (autour de 20% après 25 ans) et aujourd'hui on voit une courbe d'activité continue, proche par sa forme et par son niveau, de celles de la France et du Danemark. De tous les pays de l'Union européenne, le Portugal est celui qui a connu l'évolution la plus rapide, la plus marquée. Les femmes sont passées d'un modèle d'inactivité à un modèle d'activité continue en trente ans, sans passer par une période d'activité discontinue.

– Troisième groupe de pays : l'Irlande et le Luxembourg. Le départ dans les années 60 est le modèle d'activité discontinue, qui situe les taux d'activité des femmes d'âge intermédiaire légèrement au-dessus de 20%. Dans les années 90, la courbe dessine une seule crête au-delà de 25 ans puis une baisse continue. Les femmes y sont bien sûr plus actives, mais au-delà de 25 ans elles quittent le marché du travail sans retour vers l'activité (mais avec ici aussi un effet de génération).

– Dernier cas de figure : Pays-Bas et Belgique. Dans les années 60, les taux d'activité aux âges intermédiaires sont légèrement au-dessus de 20% pour la Belgique et au-dessous pour les Pays-Bas. Trente ans plus tard, les Pays-Bas évoluent vers un modèle d'activité discontinue, la Belgique dessine toujours une courbe à une seule crête, mais qui de plus en plus se transforme en plateau (l'activité des femmes y augmente sensiblement, avec des cycles de vie professionnelle continue pour une partie d'entre elles mais sans que ce soit le modèle dominant encore).

Au travers de ces courbes, il est intéressant de pouvoir retracer l'histoire récente des modalités de l'activité féminine. On trouve un certain nombre de surprises :

– les clivages géographiques traditionnels ont disparu entre le Sud et le Nord ;

– l'évolution différente du Danemark, de la France, du

Royaume-Uni et de l'Allemagne ; ces pays étaient dans la même situation dans les années 60, ce qui n'est plus le cas aujourd'hui.

Quel que soit le point de départ, depuis 10 ans, les taux d'activité des femmes de 25 à 49 ans ne cessent d'augmenter de façon systématique et régulière. C'est dans ces classes d'âges, que l'on appelait autrefois les « classes creuses » de l'activité, que l'on trouve aujourd'hui des taux d'activité très élevés, qui dépassent parfois ceux de tous les autres groupes d'âges (France, Danemark, Portugal).

On peut donc conclure à une homogénéisation des taux d'activité entre hommes et femmes, à un rapprochement des comportements des femmes d'Europe. Le sens de la pente est le même partout, même si les résultats demeurent assez différents.

3. L'activité des femmes entre 25 et 49 ans

En 1996, on peut distinguer plusieurs groupes de pays.

– Grèce, Espagne, Irlande, Italie, Luxembourg : la moitié des femmes entre 25 et 49 ans sont actives.

– Pays-Bas, Belgique : les deux tiers d'entre elles sont sur le marché du travail.

– France, Portugal, Royaume-Uni, Allemagne, Autriche et Finlande : les trois quarts des femmes sont actives.

– Danemark et Suède : près de neuf femmes sur dix sont actives entre 25 et 49 ans.

On peut dire que ce sont les mères de familles qui ont assuré la croissance et le renouvellement de l'ensemble de la population active européenne. La seule catégorie d'actifs qui a vu son taux d'activité augmenter ce sont les femmes de 25 à 49 ans. Les taux d'activité des hommes ont diminué, ceux des femmes jeunes et âgées ont stagné. Parmi les femmes de 25 à 49 ans, ce sont les taux d'activité des mères de famille qui ont le plus augmenté.

Quand on parle de la place des femmes sur le marché du travail, on parle donc bien d'une des grandes reconfigurations du monde du travail aujourd'hui.

II. Les inégalités dans le travail

A l'heure où tout semble en place pour qu'un processus égalitaire se mette en route, on observe une persistance des inégalités les plus traditionnelles.

En matière de travail, c'est une sorte d'immobilisme qui domine : il y a un contraste très frappant entre l'évolution de l'activité féminine et la stagnation des inégalités professionnelles. La féminisation de la population active s'est faite sous le sceau de l'inégalité, de la non-mixité.

1. La non mixité

L'afflux des femmes sur le marché du travail ne s'est pas accompagné d'une diversification des emplois féminins. La ségrégation, aussi bien horizontale que verticale, reste dominante, dans tous les pays de l'Union européenne. La majorité des emplois féminins reste concentrée dans quelques secteurs d'activité, et dans un petit nombre de professions déjà fortement féminisées. De même, les possibilités d'accès à des postes élevés restent très modestes pour la plupart des femmes.

Certains facteurs entrainent des effets de cumul, comme le temps partiel, qui redouble la ségrégation professionnelle, car là où il se développe, il accentue la concentration des emplois féminins en les cantonnant dans un nombre encore plus restreint de métiers, de professions, de secteurs d'activité, de qualifications. C'est notamment vrai dans les services où les femmes à temps partiel exercent massivement, partout en Europe, les métiers de cuisinière, de serveuse, d'employée de commerce. La répartition des emplois féminins par grands secteurs en Europe, n'est pas surprenante : quatre femmes sur cinq travaillent dans les services, contre un homme sur deux.

Sur l'ensemble de l'Europe, plus de la moitié des femmes travaille dans cinq secteurs : la santé et les services sociaux, le commerce de détail, l'éducation, l'administration publique et les services aux entreprises.

Chez les hommes, la concentration est beaucoup moins importante puisque 35% d'entre eux se rassemblent dans les cinq secteurs d'emploi les plus masculins.

La répartition des hommes et des femmes par métiers atteste du même phénomène de concentration. Trois catégories professionnelles regroupent 59% des femmes au travail : 22% sont secrétaires ou employées de bureau, 20% sont vendeuses ou serveuses, 16% sont techniciennes, infirmières ou enseignantes.

La ségrégation verticale est tout aussi forte : 10% des hommes sont cadres dirigeants, sur l'ensemble de l'Europe, contre 6% des femmes.

La ségrégation professionnelle demeure bien un caractère structurel de la place des femmes et des hommes dans le monde du travail.

Cependant, on ne peut pas parler d'immobilisme. Depuis un certain nombre d'années on assiste à une bipolarisation qui creuse les écarts entre les femmes elles-mêmes. On voit d'un coté des emplois féminins qualifiés qui se développent dans certains secteurs permettant aux femmes d'accéder à des professions intellectuelles (c'est là le produit de la réussite des scolarités féminines), mais aussi des professions qui se féminisent sans se dévaloriser (médecins, journalistes, magistrats). D'un autre côté, et pour la majorité des femmes, on constate une féminisation massive et généralisée des professions administratives et une concentration des femmes dans les emplois peu qualifiés de l'administration et des services (salariat d'exécution du tertiaire).

Au bout du compte, les frontières se déplacent mais ne s'effacent pas. L'évolution de la division du travail entre hommes et femmes reste un problème ouvert, les questions de recherches demeurent :

– Comment une profession se constitue-t-elle comme masculine ou féminine ?

– Comment se construisent les séparations entre fonctions féminines ou masculines, à travers les nouveaux métiers, les nouvelles qualifications ?

– La croissance très forte de l'activité féminine pourra-t-elle cohabiter longtemps avec cette très forte concentration des emplois féminins ?

2. Les inégalités de salaires

Rachel Silvera expliquera, lors de la prochaine séance, que les écarts de salaires en France restent de l'ordre de 27%. Si l'on regarde « toutes choses égales par ailleurs », il reste un résidu de l'ordre de 12% qui nous indique un phénomène de discrimination très fort.

Si on prend le cas de la France, en 1950 les écarts de salaires entre hommes et femmes étaient de 36%, en

1970 de 33%, en 1980 de 28% et aujourd'hui de 27%.

L'écart de salaire se réduit, mais si on suit le même rythme d'évolution, il faudrait un siècle et demi pour arriver à l'égalité !

De plus, ces chiffres ne donnent que la moyenne des salaires à temps plein, et on verra que le temps partiel vient recréer des zones de bas salaires spécifiquement féminines.

Les choses ne sont pas stagnantes : l'écart se réduit lentement et de nouvelles disparités apparaissent par le biais du travail à temps partiel.

III. Le chômage et le sous-emploi en France et en Europe

1. Le chômage

Le développement d'un sur-chômage féminin constitue une tendance lourde de ces deux dernières décennies ; les femmes sont plus au chômage que les hommes, leur chômage dure plus longtemps et il est plus résistant aux périodes de reprise économique. Il est plus structurel, donc.

A l'exception du Royaume-Uni, de la Finlande et de la Suède, partout en Europe les taux de chômage féminins sont systématiquement et régulièrement plus élevés que ceux des hommes.

La moyenne européenne en 1983 est de 8,7% pour les hommes et 11,8% pour les femmes. En 1996, elle est de 9,8% pour les hommes et de 12,4% pour les femmes. On retrouve ces inégalités à tous les âges. La structure du chômage par tranche d'âge est sensiblement la même pour les hommes et pour les femmes, et sauf pour les trois pays cités plus haut, les taux sont toujours plus élevés pour les femmes. En dehors de l'Allemagne qui a un système de formation particulier, c'est chez les moins de 25 ans que le chômage est le plus fort, et dans les pays d'Europe du Sud, les taux de chômage des jeunes femmes cumulant les effets d'âge et de sexe, atteignent des niveaux impressionnants ; en Espagne, Grèce et Italie, avant 25 ans, plus d'une femme sur trois est au chômage (50% en Espagne !).

En ce qui concerne la durée du chômage, la situation est plus complexe. Si on regarde la moyenne européenne, les femmes ont des durées de chômage supérieures à celles des hommes, mais dès qu'on regarde pays par pays, des différences apparaissent. On distingue deux groupes :

– dans la majorité des pays, le chômage de longue durée (plus d'un an) et de très longue durée (plus de deux ans) touche plus les femmes que les hommes ;

– en revanche, dans un certain nombre de cas, on voit le chômage diminuer au fil du temps. Après un ou deux ans les écarts entre chômage masculin et féminin se comblent (Pays-Bas), ou s'inversent (Irlande). En Finlande et au Royaume-Uni, les taux de chômage masculins sont plus élevés et le taux de chômage de longue durée des femmes est nettement moins élevé que celui des hommes. Mais s'agit-il d'une plus grande capacité des femmes à réintégrer le marché du travail ou bien s'agit-il au contraire d'une dilution du chômage de longue durée dans l'inactivité ?

Une partie des réponses à cette question se trouve dans l'analyse des données sur l'indemnisation du chômage.

On observe là de fortes inégalités entre les sexes. Sauf en Belgique et au Danemark, les femmes sont moins souvent indemnisées que les hommes.

En 1996, dans l'Europe des Quinze, un chômeur sur deux perçoit des indemnités, alors que ce n'est le cas que d'une chômeuse sur trois.

Or, on constate que les différences sont particulièrement fortes en Irlande (83% des hommes au chômage sont indemnisés contre 47% des femmes), au Royaume-Uni (69% des hommes, 35% des femmes), aux Pays-Bas (60% des hommes, 32% des femmes), en Espagne (29% des hommes, 12% des femmes) et au Luxembourg (38% des hommes, 28% des femmes).

L'indemnisation du chômage varie aussi selon le statut familial : les chômeurs mariés sont plus nombreux que les célibataires à être indemnisés. Pour les femmes, c'est la même chose mais la différence est moins grande. Dans la plupart des pays, les femmes au chômage sont légèrement plus indemnisées quand elles sont mariées sans que ce soit des écarts très forts.

Quatre pays font exception à cette répartition puisque les femmes mariées y sont nettement moins fréquemment indemnisées : Irlande (28% des femmes mariées et 64% des femmes célibataires sont indemnisées), Royaume-Uni (24% et 44%), Pays-Bas (29% et 36%) et Luxembourg (22% et 34%).

Il semble bien qu'une partie du déficit d'indemnisation des femmes au chômage soit liée, dans certains pays, à la faible indemnisation des femmes mariées. Les pays où l'on constate une forte différence entre l'indemnisation des femmes et celle des hommes sont ceux où l'on trouve les plus faibles proportions de chômeuses mariées touchant des indemnités. Par ailleurs, on note une corrélation assez forte entre faible indemnisation des chômeuses mariées et faible taux féminin de chômage de longue durée. C'est probablement le signe que les systèmes d'indemnisation peu favorables aux femmes mariées (ceux qui indemnisent en fonction du revenu du chef de famille) contribuent à repousser une partie des femmes vers l'inactivité au fur et à mesure que le chômage se prolonge. Plus que d'autres, la question du chômage féminin, porte en germe celle de l'inactivité contrainte. Où sont les frontières entre le chômage découragé et l'inactivité forcée ?

Comment se fait-il qu'une femme qui ne « travaille pas » soit considérée dans tel pays, à telle époque, comme chômeuse, alors qu'ailleurs ou dans d'autres temps elle serait considérée comme inactive ? L'exemple de l'Angleterre est de ce point de vue très frappant. Quelle est la part des normes sociales, qui, au-delà des règles de l'indemnisation et d'inscription au chômage, pousse les femmes à se définir comme inactives ? Ce n'est pas un problème d'harmonisation des données, c'est un problème de normes sociales. Qui sont les chômeurs et les chômeuses ? Quelles sont les formes de non emploi que l'on comptabilise en inactivité ? Dans le cas des femmes il y en a une partie qui sont à la frontière.

En Angleterre, qui est un des rares pays où les femmes sont moins au chômage que les hommes, des femmes qui, en France seraient chômeuses, sont comptabilisées comme inactives, notamment certaines qui travaillent à temps partiel. Au Royaume-Uni, plus de 40% des femmes travaillent à temps partiel, et celles qui travaillent moins de 16 heures, n'ont pas de protection sociale, et n'ont pas droit au chômage. Donc, lorsqu'elles perdent leur « petit boulot », elles ne sont pas chômeuses, elles sont inactives.

Les taux de chômage féminins élevés traduisent bien les difficultés des femmes sur le marché du travail et toutes les discriminations dont elles sont victimes. Mais, ils traduisent également la présence des femmes sur le marché du travail : elles sont chômeuses et pas inactives. Donc, parfois, des taux de chômage féminins plus faibles peuvent masquer le fait que les femmes sont expulsées du marché du travail, par le biais des systèmes d'indemnisation, et d'inscription au chômage.

2. le sous-emploi

Le travail à temps partiel occupe les deux tiers des actives aux Pays-Bas et moins d'un dixième en Grèce. Ce sont les deux extrêmes.

Le travail à temps partiel peut concerner des salariées qui ont choisi une réduction de leur temps de travail, et donc de leur salaire. Mais il touche aussi des salariées qui se sont résignées à un petit emploi de quelques heures plutôt que de se retrouver au chômage. Ces deux choses s'appellent travail à temps partiel.

Dans cette diversité on peut relever quelques régularités, et notamment la très forte féminisation du travail à temps partiel ; aucune autre forme d'emploi n'est à ce point sexuée. Du Nord au Sud de l'Europe, qui dit travail à temps partiel pense femmes.

Dans l'Europe des Quinze, 32% des femmes travaillent à temps partiel pour 6% des hommes. Les Pays-Bas sont le seul pays où la proportion d'hommes à temps partiel est relativement conséquente (17% des hommes mais aussi 69% des femmes). Le taux de féminisation moyen, en Europe, du travail à temps partiel est de 81%.

En revanche, la pratique du travail à temps partiel est inégale en Europe. Il y a une frontière nette entre le Nord et le Sud ; le travail à temps partiel est le fait des femmes de l'Europe du Nord. Au Nord, plus du tiers (parfois plus de la moitié) des femmes actives travaillent à temps partiel ; 45% au Royaume-Uni, 42% en Suède, 35% au Danemark, 34% en Allemagne. A l'autre extrémité, dans les pays du Sud ce taux s'établit autour de 10% (Grèce, Italie, Portugal, Espagne).

Dans les pays qui ont connu un développement important de cette forme d'emploi, la contribution des femmes à la croissance de l'emploi s'est faite pour l'essentiel par le biais du travail à temps partiel. C'est le cas aux Pays-Bas, en Belgique, en Allemagne et en France. Là où le travail à temps partiel progresse de façon significative, il mord sur la croissance des emplois à temps plein. En France, une étude récente montre qu'entre 1989 et 1996, l'emploi salarié a augmenté de 470 000 personnes. Ce gain se décompose en « – 40 000 » emplois à temps plein et « + 510 000 » emplois à temps partiel. Sur une période plus récente, on retrouve ce phénomène sur l'ensemble de l'Union européenne.

Une seconde caractéristique importante est la conjonction entre emploi temporaire et travail à temps partiel. On constate que la précarité liée à l'emploi temporaire se conjugue de plus en plus avec du temps partiel. La part du travail à temps partiel dans l'emploi temporaire augmente dans tous les pays (sauf en Grèce et en Irlande), tant pour les hommes que pour les femmes. Pour les femmes, cela aboutit à un redoublement de la précarité puisque, par exemple aux Pays-Bas, 80% des femmes qui ont un emploi temporaire travaillent à temps partiel, en Irlande, au Royaume-Uni, en Suède, ce sont près de 60% d'entre elles.

Le troisième point important c'est l'âge du travail à temps partiel. Contrairement à une idée très répandue, ce sont les femmes âgées de plus de 50 ans, qui, dans la plupart des pays européens, connaissent les plus forts taux de travail à temps partiel, car ce sont les préretraites à temps partiel qui se développent. Mais le travail à temps partiel concerne aussi beaucoup les moins de 25 ans.

La moyenne européenne en 1996 est de 37% pour les femmes de 50 à 64 ans, de 53% pour les plus de 65 ans, alors qu'elle est de 30% pour les femmes de 25 à 49 ans. Dans un certain nombre de pays (France, Danemark, Grèce, Espagne, Finlande, Suède) c'est dans la tranche d'âge 25-49 ans que l'on trouve les plus faibles pourcentages de femmes travaillant à temps partiel.

Peut-on alors assimiler le travail à temps partiel des femmes à un choix qui leur permettrait de « concilier » vie professionnelle et vie familiale ? C'est peut-être le cas pour un certain nombre de femmes entre 25 et 49 ans, mais cela ne vaut absolument pas pour les moins de 25 ans et les plus de 50 ans.

La pratique et les usages du travail à temps partiel sont très variables d'un pays à l'autre, et dans chacun des pays, il existe une part du travail à temps partiel qui correspond à la volonté des femmes et une part qui est le produit de choix faits par les employeurs. On ne peut actuellement, sur les données statistiques dont on dispose, départager ces deux types d'emplois à temps partiel, alors qu'ils n'ont socialement rien à voir.

Qui dit temps partiel, dit salaire partiel et retraite partielle.

Pour ce qui est des salaires, le problème est double. D'une part, les salaires horaires de ceux qui travaillent à temps partiel sont plus bas que ceux à temps plein. Les salaires horaires des salariés à temps partiel constituent 85% de ceux du temps plein en Suède, 71% en France, 69% en Espagne, 60% au Royaume-Uni. D'autre part, les revenus mensuels des salariées à temps partiel sont souvent très bas, parce que les horaires sont faibles, mais aussi parce qu'ils concernent en général des emplois peu ou pas qualifiés et donc mal rémunérés. Le travail à temps partiel crée donc ainsi, de toutes pièces, des zones de pauvreté et de sous-emploi féminin. En France, une récente étude de la Dares et de l'Ires (P. Concialdi et S. Ponthieu) montre que 80% des bas (en dessous du Smic) et très bas (en dessous de 3 600 francs) salaires en France sont détenus par des femmes, et que 77% de ces salaires en dessous du Smic proviennent du travail à temps partiel. On voit donc se profiler un processus de paupérisation : le développement d'une frange de « travailleurs pauvres », c'est-à-dire de gens qui ne sont ni chômeurs, ni exclus, ni assistés, mais qui travaillent sans parvenir à gagner leur vie correctement. Dans leur grande majorité ce sont des femmes qui travaillent à temps partiel.

Les données dont on dispose ne nous permettent pas d'entrer dans ces détails pays par pays, mais il y a quand même une question qui ressort : le développement du travail à temps partiel s'inscrit-il dans le processus de multiplication des formes d'emplois flexibles, ou au contraire obéit-il à la logique des comportements d'activité féminins ? A l'échelle européenne, à l'évidence, les deux phénomènes sont à l'œuvre mais on n'a pas les chiffres pour trancher. En France par contre, on sait que 40% des gens qui travaillent à temps partiel sont en sous-emploi.

En tout état de cause, il paraît clair que l'essor du travail à temps partiel tend à aplanir le mouvement d'homogénéisation des comportements d'activité féminins et masculins. Dans le meilleur des cas (lorsqu'il est « choisi »), le travail à temps partiel prolonge la discontinuité des cycles de vie professionnelle des femmes par un retrait partiel d'activité. Dans le pire des cas, lorsqu'il est subi, il repousse une partie des femmes actives vers le sous-emploi et la pauvreté. La grande majorité des *working poors* en Europe sont des femmes qui travaillent à temps partiel.

Au total, ce qui frappe, c'est l'écart entre le poids des femmes dans la population active, dans le monde du travail et leur place dans ce monde du travail. C'est bien là le trait dominant de cette dernière période : le contraste entre l'inflexibilité de la croissance de l'activité féminine et la rigidité des mécanismes ségrégatifs. Dans une Europe en plein chômage, on voit que l'inégalité est toujours au rendez-vous de la féminisation du marché du travail. La question qui se pose est donc celle de l'avenir du salariat en Europe. Jusqu'où ce grand écart entre le poids des femmes dans la population active et leur place dans le monde du travail pourra-t-il durer ?

Débat

Évolution et irréversibilité de l'activité féminine

Question : Peut-on dire vraiment que l'augmentation du taux d'activité des femmes est un mouvement long, durable, une mutation ? La question de sa réversibilité est à mon avis encore ouverte.

Il faudrait peut-être remonter plus loin dans le temps pour voir comment ont évolué les taux d'activité des femmes, car je pense, mais je n'en ai pas la preuve, qu'il y a eu des hauts et des bas, qu'il y a eu des moments où les femmes faisaient grandement partie de la population active et qu'elles s'en sont retirées. Cela rejoint la question sur les normes sociales qui poussent, à un moment historique donné, les femmes à se déclarer actives.

Les entreprises ont-elles besoin de cette force de travail féminine pour les payer moins, les exploiter plus, etc., ce qui, par conséquent, engendre toute une série de normes sociales qui font que les femmes se considèrent, se déclarent comme faisant partie de la population active ? Est-ce que ce sont des processus plus psycho-sociologiques, la libération de la femme, les mouvements féministes, depuis les années 60 ? Est-ce encore lié à la crise qui fait que le second salaire dans le ménage devient un élément important de la sécurité ? Que se passerait-il si on augmentait tous les salaires de 50 % ? N'y aurait-il pas un retrait d'une partie des femmes de la population active ?

Réponse de M. Maruani : On peut faire aussi l'hypothèse que si on augmentait tous les salaires, une partie des inactives reviendrait sur le marché du travail… En réalité, il y a plusieurs registres d'explication :

– on peut tout d'abord se placer sur celui des mentalités, et dire que les femmes veulent plus d'autonomie, de liberté, etc. Mais pourquoi le veulent-elles ? Maintenant il faut se resituer dans le temps : en France, les années 60 qui ont vu la féminisation massive du salariat, sont aussi celles de la « génération 68 », de l'avortement, de la contraception. C'est aussi une période de forte mutation idéologique, donc c'est évident qu'il y a une concomitance qui n'est pas de l'ordre du hasard. Mais qu'est-ce qui explique quoi ? Est-ce le fait que les femmes travaillent qui a favorisé l'essor d'un mouvement de libération des femmes, ou bien est-ce l'inverse ? On ne sait pas.

– Il y a un second registre d'explication plus économique qui est l'évolution des secteurs d'activités. Les femmes travaillent plus dans le tertiaire, et c'est le seul secteur qui a été créateur d'emplois depuis une vingtaine d'années. Donc, du fait de la concentration des emplois féminins, il y a eu un appel à la force de travail féminine. Les secteurs qui ont été les grands perdants en matière d'emploi, sont pour beaucoup masculins, (la sidérurgie, l'automobile). Mais cela n'explique pas tout, et la comparaison européenne vient jeter un trouble. Par exemple, au Portugal, où l'évolution de l'activité féminine a été très rapide, le secteur tertiaire y est le moins développé. Donc, bien sûr il y a eu un effet de secteur fort, mais cela n'explique pas tout. Pourquoi les femmes de 25 à 49 ans ? Pourquoi les mères de famille ?

– Il y a un troisième facteur qui est le niveau d'instruction. Il n'y a pas de statistiques permettant de comparer pays par pays, les systèmes d'instruction étant trop différents, mais on constate que partout, plus les femmes sont instruites, plus elles sont actives.

En France c'est au début des années 70 qu'il y eu plus de bachelières que de bacheliers. C'est concomitant de la féminisation du marché du travail. C'est un des éléments d'explication les plus solides et cela se vérifie dans tous les pays sans exception.

C'est cet ensemble de phénomènes qui ont joué, et je pense que l'éducation des filles est un élément majeur, dominant.

En revanche, je ne pense pas que ce soit la crise de l'emploi qui ait joué. L'histoire française récente nous montre que le mouvement de féminisation de la population active a démarré avant la crise et s'est poursuivi au même rythme pendant la crise.

Ce qui est vrai, c'est que les années 50 en France, sont le point bas de l'activité féminine, on compare toujours aux années 50. Mais au début de ce siècle, les femmes travaillaient plus que dans les années 50. Il y a eu une baisse de l'activité féminine après la première guerre mondiale jusqu'au début des années 60. Le travail féminin n'est pas une nouveauté en France. Ce qui est nouveau, c'est la salarisation, et le fait que les femmes progressent dans la population active malgré la crise et le chômage.

Le rôle de l'allocation parentale d'éducation

Question : On vient de voir que pour la première fois, les femmes de 25 à 49 ans qui viennent d'avoir un bébé, se sont retirées massivement du marché du travail, incitées financièrement par la création de l'APE et son extension au deuxième enfant. Ce sont des femmes qui avaient peu de qualifications, qui étaient en situation de précarité, qui avaient de très bas salaires, et donc, quand elles font leur compte, entre l'APE et leur petit salaire, elles n'ont pas d'incitation à aller travailler. Le problème est de savoir si par la suite, ces femmes vont pouvoir retrouver un emploi.

Des études déjà engagées semblent montrer qu'elles vont peut-être rester durablement écartées du marché du travail. De plus, certains discours actuels insistent sur le rôle de la femme dans l'éducation des enfants, l'enfant est toujours l'alibi pour dire aux femmes qu'elles ne doivent pas travailler.

Ce phénomène concerne des femmes peu ou pas qualifiées, et à l'inverse plus on est qualifiée, plus on a envie d'exercer ce que l'on a appris, de travailler. L'APE concerne 40% des naissances du deuxième enfant, c'est énorme. Il y a un creux qui est en train de se faire qui est assez alarmant.

Réponse de Margaret Maruani : Sur l'influence du revenu familial, on ne sait pas grand chose. Mais, une étude récente de la Cnaf sur l'APE et les prestations familiales montre que cela a une influence directe sur le niveau de l'activité. C'est quelque chose que l'on attendait depuis un certain temps et qui arrive très brusquement. Beaucoup de femmes se retrouvent dans une situation où elles « gagnent » à ne pas travailler. Nombre de femmes qui prennent l'APE sont des femmes en situation de sous-emploi, de précarité, avec des bas salaires. C'est la première fois qu'une mesure a un effet aussi direct et immédiat, c'est très important.

Le rôle des modes de garde

Question : Y a-t-il un lien entre l'activité féminine et la socialisation des modes de gardes ?

Réponse de Margaret Maruani : Le lien avec les modes de gardes est plus difficile à faire. D'un coté il est évident que plus les modes de gardes sont adaptés, plus il est facile pour les femmes de travailler. Mais ici encore qu'est-ce qui explique quoi ? J'entends souvent dire à propos de la France que les femmes travaillent plus qu'ailleurs parce qu'on a des crèches, des écoles maternelles, etc. Mais n'est-ce pas plutôt parce que les femmes travaillent qu'elles ont poussé à cela ? Si en France on voit les écoles maternelles s'ouvrir aux moins de trois ans, c'est sous la pression des femmes qui travaillent qui ne trouvent pas de place en crèche, etc.

Les enjeux des nouveaux emplois - nouveaux services pour les femmes

Question : On a dit que le travail des femmes évolue essentiellement en fonction du développement de nouvelles activités, de nouveaux secteurs (commerce, services sociaux, etc.). L'écart entre le chômage des hommes et celui des femmes a un peu évolué mais il est resté à peu près le même. De plus, on a vu l'influence de l'éducation sur l'activité des femmes.

Il y a donc plusieurs critères qui peuvent faire penser que dans les années à venir, l'emploi des femmes va être accéléré. Par exemple, la situation de chômage favorisant la prolongation des études chez les jeunes : quelles vont être les conséquences sur l'emploi de femmes. De même, quels effets aura le développement de nouveaux emplois (télétravail par exemple) sur l'activité féminine ?

Donc, il y a beaucoup de choses qui se développent, notamment en France, quelles en seront les conséquences sur l'emploi des femmes ? De même, certains secteurs n'ont pas encore fini leur développement (services).

Réponse de Margaret Maruani : Sur les nouvelles activités, les nouveaux emplois, notamment sur les emplois de proximité, il y a un paradoxe : c'est du travail féminin généré par le travail féminin. Cela remet dans la sphère marchande du travail qu'autrefois les femmes effectuaient gratuitement dans la sphère domestique (garder les enfants, les personnes âgées). Mais, s'agit-il encore de petits boulots pour les femmes ou de vrais emplois ? C'est cela la question. De plus, c'est encore des emplois de services et il y a un fond de « servilité » dans tout cela, est-ce qu'on n'est pas en train de développer de nouvelles formes de domesticité ?

Problèmes d'harmonisation des définitions et mesures en Europe

Question : Est-ce que l'on utilise les mêmes définitions et les mêmes outils de mesure dans tous les pays d'Europe ?

Réponse de Margaret Maruani : Sur le travail à temps partiel, les définitions ne sont pas toutes les mêmes, mais il y a un effort d'harmonisation. Les statistiques européennes sont harmonisées quand même car ce sont les gens qui se déclarent à temps partiel. Les statistiques de l'OCDE sont basées sur d'autres règles, puisqu'elles retiennent le travail en dessous de 32 heures.

Sur la protection sociale, c'est très différent d'un pays à l'autre. Dans certains pays les travailleurs à temps partiel sont couverts, dans d'autres pas du tout. C'est un des points où la situation est la plus diverse en Europe. En France, la protection sociale existe et est la même pour les gens à temps partiel, mais en Angleterre, paradoxalement (on nous a toujours montré l'Angleterre comme exemple sur le travail à temps partiel !) les travailleurs à temps partiel en dessous d'un certain nombre d'heures, n'ont pas de sécurité sociale, pas de protection sociale, pas de retraite, pas de chômage.

Définition du sous-emploi : ce sont les gens qui déclarent travailler moins que ce qu'ils souhaiteraient. C'est le temps partiel contraint, mais aussi le chômage partiel.

Deuxième séance, 12 novembre 1998

Les inégalités de salaires hommes-femmes

Rachel Silvera *

Certaines approches très économistes, très normatives, constatent des inégalités de salaires, et ne peuvent en expliquer que 50% ; le reste est considéré comme un résidu économétrique. Qu'est-ce que ce résidu ? Peut-on parler d'un « résidu » de 50% ? L'objectif est de faire le tour de cette question en utilisant tout ce que l'on peut trouver comme type d'explications pas simplement dans le champ économique, mais aussi en allant voir du côté de la sociologie, du champ juridique, des questions organisationnelles et stratégiques.

On élargit le champ d'analyse en regardant aussi ce qui se passe ailleurs : pourquoi certains pays sont plus égalitaires que d'autres ? On utilisera l'approche sociétale qui fait référence à l'existence d'identités culturelles fortes pour expliquer en partie la persistance d'inégalités de salaires.

I. Inégalités de salaire et inégalités en général

Comme l'a bien analysé Margaret Maruani, en ce qui concerne les femmes sur le marché du travail, il y a des

---

* *Économiste, maître de conférences à l'université de Paris X*

avancées incontestables, fruits de luttes importantes, mais elles sont relativement limitées, et l'on constate des risques permanents de régression.

Les aspects positifs

– La progression de l'activité féminine : les taux d'activité des femmes entre 25 et 49 ans sont proches de 80%. Les modèles d'activité des femmes tendent vraiment à se rapprocher des modèles masculins. Dans les pays nordiques, où les modèles sont encore plus proches, on constate cependant que la dominante du modèle d'activité féminin est le travail à temps partiel (taux d'activité féminin élevé, mais avec taux de temps partiel élevé). En France, la norme reste le temps complet. C'est comme cela que les femmes sont entrées sur le marché du travail, c'est comme cela qu'elles entendent y rester.

– La progression des femmes dans les professions jusque là réservées aux hommes : environ un tiers des cadres sont des femmes. Ce n'est pas encore représentatif de l'évolution en termes d'éducation (les filles font mieux que les garçons) ; les femmes restent encore moins qualifiées que les hommes alors qu'elles le sont au moins autant en terme de diplômes. La liaison entre diplôme et poste de travail qui joue encore beaucoup pour les hommes (malgré la crise) joue moins pour les femmes.

Les principaux aspects négatifs

– Le sur-chômage féminin : les femmes représentent plus de la moitié des chômeurs alors qu'elles sont en dessous de la moitié des actifs.

– Elles sont cantonnées dans des postes peu qualifiés :

60% des femmes sont employées et ouvrières. La ségrégation professionnelle persiste (secteurs d'activité et postes).

– Le statut de l'emploi (CDD, temps partiel) : 85% du temps partiel reste féminin, même s'il se développe aujourd'hui dans des secteurs qui semblaient protégés. C'est vrai aussi dans l'ensemble des pays européens (même dans ceux où le temps partiel paraît plus égalitaire).

– L'effet récent de l'allocation parentale d'éducation : on constate une véritable chute des taux d'activité des jeunes mères de famille à la naissance de leur deuxième enfant (500 000 APE en 2 ou 3 ans). Ces femmes ont fait ce « non choix » de se retirer provisoirement du marché du travail, mais il faut regarder d'où elles viennent ; il n'y a pas de « stratégie de retrait », c'est un calcul purement économique ; un tiers d'entre elles viennent du chômage, un autre tiers de situations de grande précarité. Cela est donc un révélateur des situations d'inégalités sur le marché du travail et non pas un moyen de privilégier la vie familiale. On sait, de plus, avec quelles difficultés elles vont éventuellement réintégrer le marché du travail.

– Enfin, la question des inégalités de salaires : selon Eurostat, tout confondu, il reste en France 27% d'écart entre les salaires des hommes et des femmes (il existe une variation selon les sources, la fourchette se situe entre 20 et 30%). Ces inégalités ne vont pas se réduire de façon spontanée.

Même si, sur des périodes longues, on peut constater une diminution des inégalités, ce phénomène est lent et ces inégalités ne semblent pas prêtes à se résorber, il y a même des dangers de voir le phénomène s'accroître.

Dans les pays où ces inégalités se sont fortement réduites, on s'aperçoit qu'il y a une sorte de seuil autour de 20% en dessous duquel il semble très difficile d'aller. En Suède, pays qui avait fait de cette question un vrai champ politique, on s'aperçoit qu'avec la crise, on est prêt à remettre en cause une partie de ces politiques, et aujourd'hui, ces inégalités risquent de redémarrer.

Ce constat est d'autant plus alarmant que beaucoup de choses ont été faites en termes de lois. Le principe « à travail égal, salaire égal » remonte au début du siècle, et a été ratifié pas un très grand nombre de pays.

Au-delà de ces principes, dans les faits, le droit ne jouera pas, car les causes sont d'une autre nature. Il n'y a pas de discrimination pure, ou très peu aujourd'hui.

II. Des explications traditionnelles à la prise en compte de nouvelles variables

Cinq variables sont à prendre en compte :

1. Les préjugés sociaux

Les idées autour du salaire d'appoint des femmes, de l'APE, du temps partiel, de différences de salaires « légitimes »... témoignent de l'existence de préjugés sociaux sur la place de femmes sur le marché du travail.

Le principe du *breadwinner* (c'est-à-dire du mari chef de famille, « Monsieur Gagne-Pain »), entériné par la loi, est encore persistant aujourd'hui. Lorsque l'on regarde par exemple le système de Sécurité sociale, on est encore très souvent dans une logique de droits dérivés (« Oui, mais une femme elle a toujours son mari ! »). Ces présupposés orientent la façon de travailler, y compris diverses recherches en sociologie par exemple, où l'on considère toujours la situation du conjoint lorsque l'on étudie les femmes (mais rarement l'inverse !). Or, on sait bien que la situation n'est plus celle-là ; la forme de ménage qui se développe le plus rapidement est la famille monoparentale, et dans plus de 90% des cas ce sont des femmes qui élèvent seules leurs enfants. En région parisienne, c'est même la forme dominante.

Un cas illustre bien ces propos, c'est celui du temps partiel.

2. Quand on dit temps partiel on pense femmes, mais on dit aussi salaire réduit

Le temps partiel représente surtout une incitation pour les employeurs, ce n'est pas forcément un choix du salarié qui subit en même temps la réduction de son salaire. Dans certains cas, lorsqu'il y a compensation salariale pour inciter au temps partiel, même les hommes le choisissent (voir certains accords dans l'assurance par exemple).

Le contrat de travail étant individuel, il place des catégories, c'est-à-dire ici les femmes, dans des situations de « chantage », d'obligation d'accepter de réduire leur salaire pour aménager leur horaire (et c'est bien l'idée du salaire d'appoint qui persiste).

Un autre problème lié au temps partiel est celui des *working poors*. En France, il y a des salariés qui vivent proche du seuil de pauvreté, il s'agit des femmes à temps partiel dans plus de 80% des cas, comme l'a souligné Margaret Maruani.

Enfin, au niveau horaire, quand on est à temps partiel ou à temps complet on ne gagne pas la même chose. C'est vrai dans beaucoup de pays, un peu moins en France. L'écart de taux de salaire horaire de 10 à 20%.

C'est vraiment une catégorie d'emploi à part, qui ne bénéficie ni des mêmes avantages ni des mêmes droits, on ne fait pas carrière à temps partiel.

3. Les analyses plus économiques

– Si les femmes ne gagnent pas comme les hommes, c'est qu'elles n'occupent pas les mêmes postes. Tant que la ségrégation professionnelle persistera, les inégalités de salaires persisteront.

Les femmes sont concentrées dans peu de professions, dans peu de secteurs d'activité, justement ceux qui sont les moins qualifiés et les moins rémunérateurs. Ce sont les effets de secteurs, de structure, qui expliquent la moitié des inégalités de salaires hommes-femmes. Si l'on gomme cette dimension, à catégorie professionnelle et secteur d'activité équivalents, on arrive encore à des inégalités de 10 à 15%.

Donc, il faut lutter pour la mixité des emplois, pas seulement des formations, en faveur d'une vraie mixité des entreprises en termes de politique de recrutement, et là, on est loin du compte. Cela soulève le débat sur l'accès des femmes aux professions qui ont, par exemple, des conditions de travail très dures, du travail de nuit, etc.

– Selon la théorie du capital humain, les femmes seraient moins diplômées, elles ont une expérience professionnelle moindre dans l'entreprise, donc, compte tenu de ce moindre investissement personnel, il serait normal qu'elles soient moins payées. Cette théorie s'effrite complètement car non seulement les femmes sont tout autant diplômées que les hommes, mais le différentiel en terme d'ancienneté dans l'entreprise s'est beaucoup réduit. Les jeunes femmes n'interrompent plus leurs carrières professionnelles, même si certains chefs d'entreprise considèrent encore les congés maternité comme un vrai problème !

Ce qui reste différent, c'est le rendement de l'ancienneté ou du diplôme : une femme avec le même diplôme qu'un homme gagnera moins (son diplôme sera moins rentable), tout comme une année d'ancienneté. Ici, ce n'est plus la théorie du capital humain qui va expliquer cet écart. C'est bien parler d'une politique discriminante de l'entreprise en termes de primes, de promotion, etc. qu'il convient de parler.

– Plus on monte dans la hiérarchie, plus les écarts grandissent : chez les employés, on a 8% d'écart ; chez les cadres, on dépasse parfois les 25%. La catégorie « cadre » est très floue, une femme cadre n'est pas un homme cadre les cadres féminins ont des postes plus fonctionnels, moins stratégiques et hiérarchiques et donc moins rémunérateurs. Pour un emploi cadre strictement identique, l'écart est plus faible.

4. Le rôle de l'État et des conventions collectives

Plus on a affaire à un État fort et présent dans la formation des salaires, plus la négociation salariale est centralisée, les conventions collectives étant présentes, étendues, etc., plus les inégalités baissent.

Les pays les plus avancés sur le plan de la négociation ont lié la politique salariale à la question de l'égalité. L'exemple de la Suède est très intéressant sur ce point à travers la « politique solidaire des salaires », qui vise un resserrement des inégalités de salaires en général et qui lie cela avec l'égalité des sexes.

On peut aussi citer le cas de l'Australie où lorsque dans une branche, des négociations de salaires sont entreprises, leurs effets se répercutent (effet « contagion ») à d'autres branches, d'autres catégories, d'autres entreprises, d'autres groupes.

Dans ces pays-là, les syndicats sont particulièrement forts dans les négociations. Les femmes y sont très présentes, y compris à des postes de responsabilité. Plus les femmes sont nombreuses, plus les questions d'égalité sont prises en compte.

Au Royaume-Uni (où les inégalités sont très fortes, jusqu'à 40%), la situation des syndicats, les modes de négociations et les démantèlements qui ont eu lieu dans les « années Thatcher », expliquent clairement le renforcement des inégalités de salaires dans ce pays. Tony Blair s'est engagé à réviser et à remettre en place le principe des *wage councils*, et a introduit un salaire minimum, on attend d'en voir les effets. A partir du moment où les syndicats pourront à nouveau intervenir dans ce champ, on peut penser qu'en ce qui concerne les bas salaires, et notamment les femmes, un rattrapage est possible.

La France est dans une situation intermédiaire. Le Smic joue un rôle important. Les politiques de revalorisation des bas salaires ont favorisé les femmes, mais du côté des négociations, il est très rare que soient liées les négociations sur les salaires et les questions d'égalité. Les deux questions sont toujours dissociées, on n'a jamais un « réflexe égalité ». On devrait, pour toutes les négociations, sur les salaires, le temps de travail, avoir le réflexe égalité, pas seulement d'ailleurs sur les questions hommes-femmes.

C'est l'idée du *mainstreaming* développée par la Commission européenne. Il faut faire en sorte que la question de l'égalité soit intégrée partout et tout le temps, au fur et à mesure de l'élaboration des politiques, et avant la construction des inégalités.

5. Les politiques d'entreprise en matière de salaires

– Le rôle des classifications de qualification et de postes en matière de discrimination salariale :

C'est le fameux mot d'ordre « à travail équivalent, salaire égal ». En France, il n'y a aucune tradition de réflexion sur ce que veut dire travail équivalent ou identique, car cela supposerait de regarder de près les systèmes de classification, d'évaluation de fonction, de regarder si les emplois dits féminins et les emplois dits masculins sont évalués de la même manière.

Au Canada, notamment au Québec, on compare dans le menu détail, on évalue, on pondère, par exemple un poste d'infirmière et celui d'un conducteur d'autobus, pour voir s'il n'y a pas de discrimination dans la façon d'évaluer telle ou telle fonction (exemple des charges physiques existantes et sous-évaluées dans des emplois féminins ; certaines ergonomes ont constaté qu'en termes de fréquence, des postes féminins pouvaient requérir des charges physiques comparables à celles reconnues pour des postes masculins, mais il s'agit de petits déplacements plus nombreux et moins visibles que pour les emplois masculins).

Mais il convient de faire ici attention : si certains emplois sont féminins, on ne peut pas parler pour autant de « compétences féminines » qui seraient « innées et naturelles » sans risquer de renforcer les inégalités.

– Les primes : on peut comparer les systèmes d'ancienneté et les systèmes d'individualisation des salaires : il vaut mieux persister du côté des systèmes d'ancienneté (comme le disent les syndicats) car ils ont l'intérêt de pouvoir être objectivés (et les femmes rattrapent les hommes en matière d'ancienneté) plutôt que du côté des systèmes d'individualisation des salaires qui ne sont pas transparents, qui sont « à la tête du client » et donc qui ne seront certainement pas en faveur des femmes. C'est seulement dans le cas où l'on a pu mettre en place une réflexion sur le lien entre rémunération et compétence que cela peut profiter aux femmes. Au Danemark, dans la fonction publique, après une telle démarche, il y a eu rattrapage du salaire des femmes car leurs postes correspondaient à des compétences non reconnues.

En fait, pour tout système, y compris en cas d'individualisation, tout dépend de la façon dont ils sont négociés et mis en place dans l'entreprise, par qui et, de la place des salariés dans les négociations, etc.

Il y a eu en France une tentative de réflexion sur ce « réflexe égalité ». J'ai été associée à une démarche du ministère du Travail et du service du droit des femmes, en partenariat avec les confédérations syndicales représentatives françaises, pour l'élaboration d'un guide de la négociation collective sur l'égalité de rémunération hommes/femmes. Ce devait être un outil permettant à chacun (notamment les syndicats) de réfléchir sur cette question de l'égalité. Cela va faire plus d'un an que ce document est achevé, on attend toujours sa publication.

Débat

Le temps partiel

Question : Je partage complètement ce qui a été dit sur le problème du temps partiel et de sa prise en compte. C'est une des dimensions, au regard des questions sur la durée du travail, pour laquelle on a des difficultés à associer les deux problèmes ; comment prendre en compte le temps partiel dans les réflexions sur la réduction du temps de travail, en sachant que le temps partiel est essentiellement féminin.

Nous pensons que le temps partiel imposé est un problème central (le collectif pour le droit des femmes lance d'ailleurs une campagne à ce sujet). Il n'y a pas de volonté politique de le régler, au contraire au vu des exonérations de charges pour le travail à temps partiel, et celles annoncées pour les bas salaires (ce sont toujours les mêmes catégories, les femmes, qui sont concernées par ces dispositifs).

Le travail à temps partiel, l'APE et le problème des crèches sont liés. D'après ce qu'on a pu voir dans certains travaux (notamment ceux de J. Fagniani), ce sont ces emplois, les plus mal rémunérés avec des difficultés pour faire garder les enfants, etc. Lorsqu'on nous raconte que le travail à temps partiel permet de mieux organiser la double journée, dans certains emplois (caissière), c'est le contraire, elles ne font que courir toute la journée. Si en plus elles se trouvent dans des zones où les équipements collectifs de garde sont insuffisants, ces femmes-là prennent l'APE. Le problème c'est alors le retour sur le marché du travail, même si l'interruption d'activité ne dure que deux ou trois ans.

Réponse de Rachel Silvera : Il y a en effet un autre danger : les inégalités entre les femmes augmentent aussi avec l'APE, et l'Aged, c'est pourquoi on peut dire « qu'en matière d'égalité, nous faisons trois pas en avant, deux pas en arrière ».

Des efforts ont été faits dans des catégories traditionnellement féminisées. Le danger c'est que certaines femmes (cadres) épousent le modèle masculin, s'en sortent, alors que d'autres vont vers l'exclusion à grands pas. Dans les analyses de genre, il faut vraiment prendre en compte les catégories sociales et bien intégrer ces données. On est très souvent tenté de quitter un type d'inégalité pour un autre.

La féminisation excessive de certains emplois

Question : J'avais un problème sur la question des postes de travail et des professions : quand on regarde, des professions entières sont féminisées, et là, la question du poste de travail se pose en termes différents, car c'est au niveau du recrutement que cela se passe. Comment peut-on concevoir des transformations face à ce problème des professions massivement féminines (avec souvent des bas salaires) ? C'est peut être cette question qu'il faut se poser avant d'arriver à la question de la classification en tant que telle.

Il faut donc se battre pour que l'égal accès soit réel au plan économique et social.

Le problème de la mixité des filières se joue dès la petite enfance, dans les crèches, les structures d'accueil, il faut augmenter les structures d'accueil collectives et il faudrait qu'il y ait plus d'hommes car les mentalités se construisent dès le début. Après, quand des femmes sont soudeuses ou jardinières, c'est très dur pour elles, il y en a qui ne tiennent pas le choc, à cause de discriminations, de la dureté de cette pénétration des femmes dans des milieux masculins.

Réponse de Rachel Silvera : Sur la féminisation et la masculinisation des professions, nous aurons l'occasion d'y revenir en réfléchissant à comment parvenir à ce qu'il y ait plus de femmes dans les filières masculines, mais aussi inversement plus d'hommes dans les professions féminines. La solution est dans la mixité des deux côtés. Le problème est vraiment culturel mais est-ce que l'on veut forcément que tous les secteurs soient mixtes (par exemple le BTP) ? Est-ce que l'on proposera à nos filles d'aller vers ces métiers-là ? Il y a aussi l'idée d'échapper à certaines conditions défavorables, qui vaut aussi pour les garçons puisqu'on veut les inciter, dans les milieux défavorisés, à faire des carrières tertiaires aujourd'hui.

Dans la construction d'une profession, il est essentiel que d'entrée de jeu, la question de l'égalité des hommes et des femmes soit posée (par exemple, qu'il y ait des hommes dans les crèches). Il me semble plus facile d'évoluer dans le sens de la masculinisation de professions féminines, que vers la féminisation de professions industrielles par exemple. Il y a des bastions masculins qui tiennent au maintien de l'identité professionnelle masculine (dans les transports par exemple). Il paraît plus facile de procéder en faisant des changements dans la profession elle-même qui alors pourrait attirer plus d'hommes : prenons l'exemple des professeurs des écoles pour lesquels on a valorisé le niveau d'études, le statut et la rémunération et qui maintenant attirent de plus en plus d'hommes.

Les salaires des cadres

Question : Sur la manière dont vous avez présenté les écarts de salaires par catégories (8% pour les ouvriers et 35% pour les cadres). Pour nous, Ugict, c'est une manière très intéressante d'aborder le problème car, pour ces catégories-là (cadres), il est communément admis que plus le niveau est élevé plus les écarts sont faibles (formation professionnelle, déroulement de carrière, salaires). Ces écarts témoignent d'inégalités d'accès à certains types de postes. De plus, par exemple en termes de formation professionnelle, il est admis qu'on n'a pas besoin de dispositions particulières pour les femmes cadres, qui se trouvent pourtant souvent bloquées, après la maternité, au niveau de leur carrière. J'ai été très étonnée d'entendre dire que de toutes façons, formation ou pas, cela ne changerait rien. Il serait intéressant d'approfondir cette question. En effet, les déroulements de carrière des cadres supérieurs et cadres de direction, se font sur des modes de promotion complètement masculins, il n'y a rien de codifié, c'est de la cooptation, du parrainage, desquels les femmes sont exclues.

On m'a dit souvent, y compris au Service des droits des femmes, que formation ou pas, de toutes façons les femmes n'y auraient pas accès. Je défends le contraire : il faut codifier, là où cela n'est pas encore fait, des modes d'accès à certains types de métiers. Là où il n'y a pas de moyens, il faut trouver des solutions. Le « plafond de verre » (l'inaccès à certains types de fonctions) pourrait peut-être être envisagé sous l'angle de la formation professionnelle, de sa diversification, etc.

Existe-t-il des compétences « féminines » et des compétences « masculines » ?

Question : Les « compétences féminines », acquises culturellement, dans la famille, etc., sont utilisées dans le travail. C'est à la fois quelque chose que je sens, mais je sais, que si je vais trop loin, je dis n'importe quoi. Il faudrait l'analyser plus finement, le codifier pour ne pas arriver à un schéma qui ne convient pas du tout. En même temps, je suis pour la reconnaissance des compétences culturelles dans la mesure où elles vont dans le sens de la valorisation des femmes. Sur la question de la charge de poids à soulever, je n'aurais jamais pensé à valoriser la capacité des femmes à soulever des charges équivalentes à celles des hommes (en plusieurs fois sur la journée). En fait ce sont des problèmes qui seront amenés à traverser notre réflexion.

Le rôle des méthodes d'évaluation

Question : Sur les méthodes d'évaluation vous mentionnez la méthode Hay et les outils spécifiques que les entreprises ont développés. C'est vrai que le choix des dimensions qui permettent de procéder à une évaluation qui correspond ensuite à une fixation de salaires dans une grille, s'est fait en fonction de postes typiquement masculins en usine. Cela a eu comme conséquences, par exemple, l'établissement de huit niveaux différents de qualifications techniques et de trois niveaux seulement dans les relations humaines. Comme les tables Hay datent de 1946 et qu'à l'époque l'industrie dominait, cela pouvait tenir la route. Mais aujourd'hui, en France avec 70% de services cela ne tient plus. L'échelle des relations humaines à trois niveaux seulement soulève le problème de légitimité de ce système dans un monde qui a évolué.

On le sait, les sociologues du travail le savent, un langage se construit à partir d'une identité professionnelle, ce qui peut créer un écart entre hommes et femmes dans leur accès à une fonction. Il peut y avoir un langage interne très codé, très technique, qui va développer une grande maîtrise de la compétence, et les femmes vont parfois adopter le langage de façon différente. Cela m'amène à cette idée de compétence spécifique. Je trouve qu'un bon exemple de cela c'est le travail à domicile. Dans ce cas, quand on essaie de parler de professionnalisation de ces femmes, on va dire, oui mais il s'agit de relations sociales, et on passe au social tout court, et du social, au bénévolat. Tout le problème ensuite est de faire reconnaître que des personnes qui mettent en œuvre des capacités à gérer des relations sociales sont dans le domaine professionnel. Quelle est la limite entre le professionnel et le personnel ? Quelle est la mobilisation des compétences qui peuvent être acquises dans la sphère domestique mais qui restent dans le domaine du professionnel ? Est-ce que cela n'est pas aux syndicats de faire attention à ce qu'on ne glisse pas de l'idée de compétences héritées de l'enfance, de la famille, à l'idée de compétences qui ne sont pas vraiment professionnelles, donc qui n'ont aucune raison de se retrouver dans une grille salariale. Parallèlement, le raisonnement complètement inverse peut être adopté par les entreprises sur l'idée des qualités humaines, c'est-à-dire que pour des postes de très haut niveau, on va parler de qualités humaines inestimables, c'est-à-dire très fortement rémunérées, à des postes de direction, où on pense que l'important est constitué par les qualités personnelles, de contact, de compréhension. Ces compétences sont davantage rémunérées que des compétences en droit international ou en finances.

Quand on fait des évaluations, on s'aperçoit que pour une même fonction, un homme et une femme en parlent très différemment. Dans une usine chimique, j'ai constaté que les hommes parlaient de façon beaucoup plus technique et mettaient beaucoup mieux en valeur leur travail (« c'est très important, si on n'était pas là ») alors que les femmes diminuaient complètement l'importance de leur travail (« c'est pas sorcier, n'importe qui y arriverait »). On avait l'impression qu'ils ne parlaient pas du même travail, pour des postes strictement identiques. Or, c'est essentiellement à partir de la personne qui occupe le poste qu'on fait des descriptions de fonction. Ensuite, c'est à partir de la description de fonction qu'on détermine la place de cette fonction dans la grille des rémunérations, d'où l'importance des discours.

Réponse de Rachel Silvera : Une réflexion sur la notion de compétence est vraiment nécessaire en effet. On sait tout d'abord que cette notion est ambiguë. Elle porte davantage sur les individus que sur la seule description des tâches requises pour la tenue d'un poste de travail. Certaines compétences sont peut-être culturelles et n'ont pas fait l'objet d'un apprentissage formel, elles sont acquises dans la sphère domestique mais ne sont pas pour autant innées. Il faut donc veiller à ce qu'elles soient valorisées, lorsqu'elles sont nécessaires à la tenue d'un poste, mais rien ne peut prouver qu'il s'agisse de « compétences féminines ». Une même compétence – comme le relationnel – ne sera pas reconnue dans un poste féminin comme le secrétariat mais au contraire valorisée pour un poste de commercial. Nous reviendrons sur ces questions avec Brigitte Croff à propos de l'aide à domicile.

Troisième séance, 17 décembre 1998

Les femmes cadres

Jacqueline Laufer *

Les femmes cadres sont de plus en plus nombreuses, elles constituent désormais 29% de cette catégorie. A peine 125 000 en 1982, elles sont désormais près de 300 000. Si les fonctions de responsabilités techniques demeurent très masculines – les femmes ne constituent que 13% des ingénieurs et cadres techniques d'entreprise – les postes de cadres administratifs et commerciaux se sont largement ouverts. On trouve ainsi un nombre croissant de femmes cadres dans la publicité, les relations publiques, l'administration et les finances, le recrutement, la formation, l'administration du personnel. Les femmes représentent par exemple 48% des cadres de relations publiques.

Les femmes sont par contre moins présentes parmi les cadres commerciaux et de vente, où elles ne sont que 15%. De surcroît, la présence des femmes dans les états majors demeure très minoritaire – les femmes constituent moins de 7% des états majors d'entreprise – cette proportion diminuant encore dans le cas des grandes entreprises. Dans les entreprises de plus de 500 personnes, la part des femmes dans ces fonctions d'état major n'est plus que de 4,8%. Certes, on peut constater que certains secteurs sont plus ouverts aux femmes –

* *Sociologue, professeur au groupe HEC.*

dans l'hôtellerie, le luxe, l'habillement, la pharmacie, les cosmétiques, les femmes représentent 12% des dirigeants d'états major. Sur le plan des fonctions occupées, les femmes dirigeantes sont le plus souvent directrices dans la communication et la publicité, les ressources humaines, l'administration et le secrétariat général, la finance-comptabilité, le contrôle de gestion. Par contre elles demeurent exclues des fonctions de direction stratégique ou internationale [1] (Laufer, Fouquet, 1997).

Les progrès des femmes dans l'accès à la formation supérieure et aux diplômes ont été évidemment déterminants dans leur entrée parmi les professions intellectuelles supérieures et les cadres. Les diplômées du supérieur s'insèrent sur le marché du travail dans des conditions plus semblables à celles des hommes parmi les professions qualifiées.

Contrairement à ce que l'on constate pour les femmes ayant un diplôme d'un niveau inférieur au baccalauréat, les univers professionnels auxquels se destinent les jeunes femmes et les jeunes hommes, ceux des niveaux les plus élevés de l'enseignement supérieur, sont beaucoup plus semblables, selon le Cereq.

La mixité croissante des formations modifie aussi les attentes et les attitudes des jeunes femmes vis-à-vis de leur carrière. Les jeunes diplômées abordent leur carrière avec une volonté de reconnaissance et de progression

(1) Ces chiffres sont issus de l'analyse des données du « Carnet du Nouvel Économiste » qui présente les 5 000 entreprises leaders en France et leurs 26 700 dirigeants ; voir Laufer et Fouquet, « Effet de plafonnement de carrière des femmes cadres et accès des femmes à la prise de décision économique », groupe HEC, Centre d'études de l'emploi, service des droits des femmes, 1997.

et aspirent davantage à accéder à des postes d'encadrement et de responsabilité.

I. Un plafond de verre toujours présent

Si on constate un souci croissant des entreprises de puiser dans ce « potentiel » que représentent des jeunes femmes de mieux en mieux formées et diplômées et par conséquent de développer une politique de recrutement de plus en plus « mixte », de nombreuses inégalités continuent de caractériser la situation des cadres féminins, que ce soit en matière de salaire ou de carrière, et concernant l'accès à des fonctions d'encadrement et de direction.

Au moment du recrutement, les femmes diplômées font encore l'objet dans certains cas d'un traitement inégal. Ainsi, une étude du Cereq indique que l'insertion des diplômés d'écoles d'ingénieurs est un peu plus rapide que celle des diplômées et que les femmes sont un peu moins fréquemment recrutées en tant que cadres (93% des hommes contre 87% des femmes). Cependant, les différences que l'on peut observer sont plus faibles que celles qui affectent les autres diplômes universitaires. De fait, les diplômes apparaissent comme un facteur décisif dans l'égalisation des chances entre les femmes et les hommes.

Concernant les inégalités de salaires, les femmes cadres gagnent en moyenne 15% de moins que les cadres masculins. Mais il s'agit ici des « cadres confirmés », selon les données de l'enquête structure des salaires de 1992. Une autre étude du Cereq indique que trois ans après leur entrée sur le marché du travail, des diplômés d'écoles d'ingénieurs et d'écoles de commerce connaissent des différences de salaire mais que celles-ci sont les plus faibles de l'enseignement supérieur [(2)].

Un autre facteur d'inégalité concerne les politiques de gestion de carrière et les processus de développement de carrière. L'un des problèmes qui se pose plus spécifiquement aux femmes est le développement de parcours et de mobilité professionnelle où, précisément, elles peuvent développer leurs compétences et faire reconnaître leur capacité à exercer des responsabilités. Cela implique, bien sûr, que les femmes concernées souhaitent ces mobilités et que, d'autre part, la hiérarchie et les DRH jouent pleinement leur rôle pour leur permettre d'y accéder. Si dans certaines situations, des politiques plus mixtes de gestion des carrières sont susceptibles d'égaliser les chances des femmes et des hommes, plusieurs des caractéristiques de ces politiques peuvent se révéler défavorables aux femmes.

En effet, en définissant des critères de potentiel associés à des normes d'âge rigoureuses et à des rythmes de mobilité intenses, ces politiques de gestion des carrières ont pour effet de rendre plus difficile aux femmes l'ac-

(2) L'enquête du Cereq a été réalisée en 1991 auprès des diplômés de l'enseignement supérieur IUT, BTS, écoles d'ingénieurs et de commerce, étudiants de deuxième cycle et de début de troisième cycle (DEA, DESS). Concernant les différences de salaires, l'inégale répartition des hommes et des femmes dans les différentes spécialités est un premier facteur explicatif. Mais à spécialité d'origine égale, les différences entre les salaires des hommes et des femmes persistent. Pour un même emploi, à spécialité de formation équivalente, la majorité des femmes a donc un salaire inférieur à celui des hommes, entre 2 % et 9 %. (Cereq, collection Études n°70, 1997).

cès aux postes de responsabilité et de pouvoir. Pour rejoindre ces postes, les femmes cadres devront faire preuve d'une très grande réactivité : implication et performance devront se manifester dans un laps de temps très court ainsi qu'une grande disponibilité qui s'exprime dans une capacité à ne pas compter ses heures de travail. Ceci défavorise une majorité de femmes cadres qui seront alors perçues comme « moins disponibles » ou encore devant faire un « choix » entre carrière et maternité, ce que précisément la majorité des femmes refuse désormais.

Une autre dimension de cette inégalité des cadres masculins et féminins quant à l'accès aux responsabilités est illustrée par la moins grande proportion de femmes qui supervisent des équipes de taille importante. Tandis qu'en France, une grande proportion de cadres n'encadrent que des équipes de petite taille, cette tendance est encore plus prononcée pour les femmes. Une recherche sur les diplômées de Polytechnique indique que si deux tiers des diplômées ont des responsabilités d'encadrement, 25% d'entre elles encadrant des équipes de plus de 10 personnes, elles ont moins souvent accès au titre de directeur, chef de département, ingénieurs en chef, que leurs collègues masculins (voir les travaux de C. Marry, dans les cahiers du Mage, 1995). Une étude sur les diplômées d'une grande école de gestion indique que si les femmes ont accès à un ensemble de fonctions diversifiées, elles sont moins présentes parmi les dirigeants et encadrent des équipes de taille plus restreinte.

Enfin, les sphères dirigeantes des entreprises continuent d'être pour une bonne part des « clubs » masculins où les processus de cooptation implicites ou explicites continuent de rendre plus difficile l'intégration des femmes dans les équipes de direction. Quelles que soient les procédures officielles affichées pour parer aux vacances de poste, les processus de promotion – et ceci est d'autant plus vrai que le poste est élevé – reposent de fait sur le réseau de soutien que peut mobiliser chacun ou chacune. Or compte tenu de la position minoritaire des femmes à ces niveaux, celles-ci sont rarement en situation de mobiliser des réseaux et des soutiens aussi nombreux que ceux dont peuvent bénéficier leurs collègues masculins.

II. Le temps au cœur du conflit entre investissement professionnel et familial

D'autres obstacles au développement de carrière des femmes tiennent à la division familiale du travail et à l'investissement familial respectif des femmes et des hommes. Les temps ont changé et la logique d'un « choix » entre carrière et maternité ne reflète plus les aspirations de nombreuses femmes cadres. Pourtant, la capacité des femmes à valoriser leurs diplômes demeure affectée, plus que celle des hommes, par leur situation familiale. Pour un certain nombre de femmes cadres, on pourrait même parler d'une accentuation des tensions entre une volonté de se situer dans une dynamique de carrière *a priori* semblable à celle de leurs congénères masculins et leurs responsabilités familiales.

S'il est désormais possible de « faire une carrière » avec des enfants, c'est malgré tout souvent l'absence d'enfant qui rend les choses plus faciles, en raison de la disponibilité que cette situation autorise. Comme l'affirme beaucoup d'entreprises « rien ne s'oppose plus désormais à la carrière des femmes » : ainsi, quand ne se pose pas encore la question de la répartition des responsabilités familiales, compétences et performances tendent à être reconnues à égalité pour les hommes et pour les femmes et ce d'autant plus que les femmes alignent leurs horaires sur ceux des hommes.

Dans une deuxième étape, pourtant, la venue des enfants remet en question cette disponibilité. De fait, les choix opérés en matière de gestion du temps ne sont pas neutres au regard de la promotion professionnelle des femmes. Comme le notent les auteurs d'une recherche récente du Cereq, huit ans après leur entrée sur le marché du travail, des écarts significatifs peuvent être enregistrés entre le déroulement de carrière des femmes diplômées et celui des hommes. L'arrivée d'un enfant vient dans de nombreux cas bousculer l'égalité entre les membres du groupe. Les hommes devenus pères ne réduisent pas leur investissement professionnel alors que les femmes devenues mères développent des comportements plus différenciés : réduction du temps de travail, changement de profession ou de secteur pour obtenir une plus grande souplesse dans leur emploi du temps.

Certes, il est d'autres femmes cadres qui choisissent une forte délégation des tâches familiales et domestiques, mais même dans ce cas, la tension demeure pour les femmes cadres entre une volonté de s'impliquer pour donner sa place à une véritable aspiration de carrière et les normes en vigueur dans de nombreuses entreprises en matière de développement de carrière ou de temps de travail des cadres.

Dans ces entreprises du secteur concurrentiel, où le

développement professionnel est fondé sur des changements de postes fréquents, la légitimité d'une aspiration à prendre une pause est en question. Toute tentative de pause peut alors être interprétée comme un signe de désinvestissement professionnel. Si le congé parental n'est pas fréquemment la solution adoptée, les stratégies retenue pour les femmes cadres concernent plutôt une recherche de limitation d'horaires qui peut s'accompagner de la recherche de postes où l'on peut (mieux) « compter son temps ». A ces stratégies, s'ajoute le « choix » du temps partiel – qui concerne 11% des femmes cadres, selon l'enquête emploi de l'Insee, (1997).

Ce « choix » du temps partiel – en général, une demi ou une journée par semaine – apparaît ici comme une tentative pour rétablir un équilibre entre temps professionnel et temps familial. Bien loin d'être ressenti par les femmes cadres comme une « démobilisation » – perception, soulignent-elles qui leur est renvoyée bien souvent par leur environnement professionnel – elles vivent ce « choix » du temps partiel comme l'expression d'une revendication à exercer un rôle de cadre et même d'avoir une carrière tout en exerçant un certain contrôle de leur temps de travail.

Pourtant, dans de nombreuses situations, le temps partiel peut apparaître aux femmes cadres comme « impossible ». Le temps partiel est alors décrit comme « utopique », comme synonyme d'emploi de moindre responsabilité, et de « glissement vers le bas ». Dans certains cas, le temps partiel est même vécu comme un « piège » dans la mesure ou la mission ne change pas et où on « imagine mal faire en quatre jours ce qui prend déjà six jours ».

Par ailleurs, alors que la pratique du temps partiel serait plutôt synonyme d'une volonté des femmes cadres d'articuler rapport à la carrière et rapport au temps, et de légitimer dans l'entreprise un nouveau rapport au temps qui n'implique pas un renoncement à un investissement professionnel important, le temps partiel apparaît en partie antinomique avec « la carrière ».

La tension que ressentent les femmes cadres au regard de la question du temps de travail est à situer dans le contexte du modèle dominant de temps de travail des cadres, modèle fondé, en France en particulier, sur de longs horaires de travail, même si de nouvelles aspirations se font jour, qui pourraient favoriser l'émergence de nouvelles pratiques dans ce domaine. C'est ce que montrent les travaux de P. Bouffartigue. Ainsi, ces modèles dominants, en matière d'horaires de travail apparaissent-ils porteurs d'exclusion pour ces femmes cadres qui souhaiteraient davantage « compter leur temps » pour pouvoir faire face à une meilleure articulation de leurs responsabilités professionnelles et familiales. L'accès à des postes de pouvoir implique toujours un certain degré de compétition. A diplôme égal, l'accès à des responsabilités élevées peut être alors relativement moins valorisé par les femmes que par les hommes au regard d'une recherche « d'équilibre » entre investissement professionnel et familial.

L'évolution de la situation des femmes cadres en entreprise peut être caractérisée par un double mouvement : d'une part des carrières de plus en plus diversifiées s'offrent à elles en raison de leur accès croissant aux diplômes et de leur recherche de reconnaissance professionnelle, d'autre part le « plafond de verre » qui les sépare de l'accès aux responsabilités est toujours là. Un ensemble de facteurs – pratiques d'entreprises, division familiale du travail, anticipations et « choix » des femmes elles-mêmes quant à une recherche « d'équilibre » entre plusieurs types d'aspirations – s'articulent les uns aux autres et contribuent à rendre moins probable l'accès des femmes au « dernier cercle », selon l'expression de M. Meynaud.

Débat

Typologie des stratégies des femmes cadres

Question : Peut-on considérer que les stratégies de carrière des femmes cadres sont toutes identiques ?

Dans une étude réalisée en 1982, j'avais établi une typologie des femmes cadres en fonction de leurs stratégies de carrière :

– les autodidactes. Elles occupaient le plus souvent des postes spécialisés avec peu de perspectives de carrières. Elles étaient pourtant satisfaites de cette situation (notamment sur le plan de leur salaire), estimaient avoir beaucoup de chance d'en être arrivées là et trouvaient « naturelle » leur subordination, précisément parce qu'elles étaient autodidactes ;

– les femmes effectuant des carrières fonctionnelles. Plus diplômées, elles recherchaient un équilibre entre vie professionnelle et familiale. Elles valorisaient leur carrière professionnelle et l'intérêt de leur travail, mais ne s'identifiaient pas aux carrières masculines, ne recherchaient pas le pouvoir, car elles tenaient à leur investissement familial ;

– les femmes qui valorisaient des « qualités dites féminines » dans leur carrière professionnelle (par exemple dans les secteurs de la publicité, des cosmétiques, des grands magasins,...). Leur carrière dépendait moins du diplôme que d'un fort investissement dans le travail, en s'appuyant sur des qualités spécifiques (création...) ;

– enfin, les jeunes femmes diplômées qui bien souvent revendiquaient de « faire carrière comme un homme, mais de vivre comme une femme ». Ces femmes cadres ne cherchaient pas à s'identifier au modèle carriériste masculin, ni à celui de leurs aînées qui avaient dû faire un choix et bien souvent sacrifier leurs vies personnelles et familiales mais voulaient néanmoins effectuer de véritables carrières.

Aujourd'hui, les jeunes diplômées manifestent encore davantage une orientation de carrières « proactive » caractérisée par une volonté plus affichée de rendre leur carrière visible, par un goût pour la performance et enfin par une mobilité mieux acceptée. La question de l'articulation entre vie professionnelle et vie familiale reste bien sûr posée dans des carrières qui exigent une très forte implication.

Les stratégies des entreprises

Question : Les entreprises ont-elles changé de politiques à l'égard des femmes diplômées ?

Réponse de Jacqueline Laufer : Oui, je pense que des changements sont à l'œuvre, mais qu'il y a un divorce entre théorie et pratique : les DRH ont conscience que les femmes constituent un potentiel pour l'entreprise, qu'il y a un intérêt à la mixité.

A un certain stade, en début de carrière, il existe une relative égalité des rôles et de traitement. Mais, ensuite, se manifestent des processus de plus en plus sélectifs. Les politiques de gestion de carrière sont aussi organisatrices de rareté. Des phénomènes d'exclusion dans l'accès au pouvoir persistent ; de même, les processus de coopération et de parrainage jouent encore plus souvent en faveur des hommes.

La mobilité

Question : on a souvent considéré que le frein à la carrière des femmes était leur absence de mobilité. Est-ce toujours vrai ? Ne peut-on pas remarquer une certaine réticence aussi chez les hommes pour de tels déplacements (comme l'expatriation) qui deviennent de plus en plus difficiles à concilier avec l'activité professionnelle de leur conjointe ?

Réponse de Jacqueline Laufer : C'est exact, mais globalement, la dissymétrie persiste. Il existe de plus en plus de couples « à double carrière », où les deux conjoints sont diplômés, mais avec l'arrivée des enfants, les écarts se creusent et globalement la priorité est donnée à la carrière de l'homme. Pour les pères de famille, l'arrivée des enfants ne modifie pas en profondeur leur carrière ou leur investissement au sein de l'entreprise. Au contraire, les mères subissent de fortes tensions entre ces différents investissements qu'elle entendent assumer conjointement.

La réduction du temps de travail, le temps partiel

Question : le temps partiel est-il une solution, justement pour mieux assumer ces tensions. Pourquoi n'est-il pas plus développé chez les cadres ?

Réponse de Jacqueline Laufer : comme je l'évoquais dans mon propos, les femmes cadres évitent le plus souvent le temps partiel, car elles le vivent comme une marginalisation. Certaines vont trouver une solution en prenant une demi-journée par semaine, sans réduire pour autant leur charge de travail. Contrairement à ce que l'on pourrait croire, nous avons constaté que pour elles, ce temps partiel était un moyen de s'affirmer dans l'entreprise et non de se désinvestir. Mais une meilleure solution serait évidemment la réduction du temps de travail pour tous. Cela permettrait de réfléchir à un meilleur rééquilibrage des rôles, à un meilleur partage des responsabilités professionnelles et familiales. Les négociations sur le temps de travail devraient poser la question de l'égalité des carrières, des responsabilités et de l'équilibre entre vies professionnelle et privée.

Quatrième séance, 14 janvier 1999

Les femmes dans les filières d'excellence

Catherine Marry *

L'objet de cette présentation est de traiter de la différence hommes/femmes dans les filières d'excellence que sont les grandes écoles scientifiques en France. Je me suis intéressée à ces questions, d'une part, car c'est une filière d'exception en France (1% de l'appareil éducatif) et, d'autre part, car ce sont des destins particulièrement exceptionnels en ce qui concerne les femmes notamment dans les sciences dures.

La question était donc « qui sont les quelques rares femmes qui sont dans ces filières ? Que sont-elles devenues ? Quelles sont les conditions sociales, familiales, scolaires qui ont permis ces destinées très étonnantes ? Peut-on observer au fil du temps un rapprochement avec les garçons du point de vue de leurs origines et de leurs destinées sur le marché du travail ? Quelle est l'ampleur du mouvement de féminisation de ces filières ? »

Ces questions sont venues, d'une part, de mon intérêt pour les destins exceptionnels, qui échappent à la théorie dominante en sociologie qui est celle de la reproduction, en prenant en compte la dimension sexuée et

* *Sociologue, chargée de recherche au CNRS.*

d'autre part d'interrogations plus générales portant sur la profession d'ingénieur.

I. Des progrès sensibles

A partir des années 70, alors qu'il n'y avait quasiment aucune femme dans ces branches, on les voit apparaître et elles représentent aujourd'hui près d'un quart des effectifs de ces filières : presque 50% dans les écoles d'agro. ou de chimie, et toujours une très petite minorité dans les plus grandes écoles (Polytechnique, les Mines, les Ponts...) aux alentours de 13%.

En 1994, à l'occasion du bicentenaire de Polytechnique et de l'ENS de la rue d'Ulm, on nous a commandé une étude sur les polytechniciennes. Cette étude nous a été demandée par Anne Chopinet qui a été reçue première à Polytechnique, la première année où l'école s'est ouverte aux femmes, en 1972.

A l'ENS, en mathématiques, il y a 7% de femmes, c'est vraiment le minimum. Ce qui est intéressant, c'est que l'ENS d'Ulm qui est vraiment « le top du top » en termes de difficulté et de reconnaissance, pas tant sur le plan social que sur le plan scolaire, est celle qui s'est ouverte aux femmes le plus tard, encore plus tard que l'X. Avant 1986, il y avait Sèvres et Ulm, une pour les filles, l'autre pour les garçons. D'une certaine manière c'était une forme de quota, ils passaient le même concours, mais ils avaient un nombre de places réservées. En 1986, on a fondu les deux, et on a vu une chute libre de la part des filles, il n'y en avait plus que une ou deux par an qui réussissaient. Les filles n'ont-elles pas la bosse des maths ? L'Ecole, en tant qu'école républicaine, s'est un peu désolée de cela. Mais il faut dire que cette école, comme l'X, est tout sauf démocratique, ouverte aux enfants du peuple. Christian Baudelot avait mené une étude sur le recrutement social de l'école et montré que le mythe de l'enfant d'instituteur à Ulm est totalement à réviser, en réalité il n'y en a pas, et il n'y en a jamais eu (sauf quelques exceptions). Sur deux générations, certes on en voit, mais sur une génération il n'y en pas. La culture mathématique aussi se transmet de façon culturelle, pas seulement la culture littéraire.

Il était donc intéressant de savoir si les filles de ces filières d'excellence étaient encore plus sur-sélectionnées que les garçons, si c'était encore plus des héritières, des filles brillantes et exceptionnelles en maths, etc.

En même temps, ce qui m'intéressait, c'était d'essayer de comprendre pourquoi l'évolution n'était pas plus rapide alors qu'elle l'a été dans certains domaines comme le droit, le commerce, la médecine.

L'autre paradoxe, c'est que depuis les années 70, les filles l'emportent sur les garçons au collège et au lycée, en terme de niveau et en terme de réussite. En dépit de cette meilleure réussite et du fait qu'elles sont plus diplômées que les garçons, elles buttent sur l'accès à ces filières plus sélectives, plus rentables en termes de salaires, de prestige, de position.

Sur cent filles qui ont le bac, depuis le début du siècle, il n'y a toujours que dix-sept ou vingt qui vont dans des filières scientifiques et techniques. C'est une permanence redoutable.

En fait, cela n'est pas si simple, les orientations des filles se sont bouleversées par rapport au début du siècle. Elles vont moins vers les filières langues et lettres, et plus vers l'économie, la sociologie, le commerce, etc.

Cela témoigne d'une aspiration à diversifier les horizons professionnels, à ne pas seulement être des enseignantes. Le premier débouché des femmes diplômées au début du siècle était effectivement l'enseignement, d'abord comme institutrice, ensuite au collège, puis pour une petite part comme professeur de faculté.

Les femmes rentabilisent beaucoup plus leurs diplômes qu'auparavant. Dans ce mouvement général de montée des scolarités, d'affirmation des femmes sur le marché du travail, il y en a quand même eu un certain nombre qui ont pu percer dans des bastions masculins et notamment dans les filières d'élites. Ce sont des évolutions positives qu'il est important de souligner.

Ce rapport au diplôme et à l'emploi a profondément changé pour ces filles qui sont majoritairement des filles de cadres, car dans le passé, le modèle dominant était de valoriser son diplôme sur le marché matrimonial. Les filles faisaient des études supérieures, certes, mais c'était pour trouver un bon mari et pour être une bonne mère éducatrice capable de former des petits garçons pour l'école Polytechnique.

Ces évolutions indiquent donc bien une certaine rupture dans les rapports entre les sexes.

Observe-t-on un rapprochement des origines scolaires et familiales des filles par rapport à celles des garçons ? Des études sur les premières femmes médecins, à l'Ena, techniciennes supérieures, etc. ont montré qu'elles se caractérisaient par une excellence scolaire nettement supérieure, par des origines familiales supérieures aussi, et ces femmes pionnières dans les métiers d'hommes occupaient souvent une place de garçon dans leur famille. Elles étaient ce que l'on a appelé des garçons « manquants », dans des familles où il n'y avait pas eu de fils, et où les ambitions parentales s'étaient reportées sur la fille. C'est vrai quand on examine les biographies de Marie Curie ou d'autres, de grandes femmes scientifiques, elles n'ont pas eu de frère, un père qui les adorait et qui les a énormément poussées.

Chez ces femmes pionnières, on trouvait des histoires familiales très particulières. Parfois, il y a aussi le cas du fils défaillant qui n'a pas voulu répondre aux ambitions parentales.

Aujourd'hui, ce que l'on observe beaucoup plus fréquemment, c'est l'hypothèse du garçon nanti, les filles ont des frères qui sont déjà archi diplômés, souvent dans les mêmes écoles qu'elles, ce sont des familles où si les garçons sont nantis, les filles peuvent l'être aussi, il n'y a plus de soucis pour les garçons alors pourquoi pas les filles aussi.

On en arrive donc dans les familles de cadres, au moins du point de vue du bagage scolaire, à ce que les filles doivent faire aussi bien que les garçons. En termes d'emploi et de métier, ce n'est pas tout à fait aussi vrai. On continue quand même à être moins exigeant pour les filles, après le baccalauréat S par exemple, elles peuvent aller à la faculté plutôt qu'en prépa. Les orientations sont encore très différenciées après le baccalauréat, donc les filles qui échappent à cela, ont des atouts familiaux particuliers, non en terme de volume de capitaux, car dans ces écoles ils ont tous des capitaux monumentaux, mais plutôt en termes plus qualitatifs, c'est-à-dire des capitaux scientifiques paternels et maternels. Le profil moyen de ces filles dans les grandes écoles, c'est « père ingénieur, mère agrégée de maths ». La mère pousse la fille à faire autre chose que le métier de professeur. Plus subtilement, un certain nombre de mères qui n'ont pas travaillé, ou institutrices, disent avoir adoré les maths dans leur scolarité.

Ces données ne se voient pas dans les statistiques, elles sont qualitatives, mais elles font que ces familles de filles des grandes écoles sont des familles atypiques, plus atypiques que celles des garçons.

Ma thèse, c'est qu'en dépit de leur petit nombre, elles se vivent moins que les pionnières comme transgressant des postures traditionnelles de leur sexe.

Il y a aussi un rapprochement de leurs destinées professionnelles et familiales. Dans les années 60, près de la moitié des femmes sortant d'écoles d'ingénieurs quittait l'industrie pour l'enseignement, ces femmes ne voulaient pourtant absolument pas être enseignantes, c'est pour cela qu'elles avaient choisi d'être ingénieurs. De plus, les diplômes d'ingénieurs n'étaient pas reconnus dans l'enseignement, donc très souvent elles n'étaient même pas titulaires dans des écoles privées.

Malgré des spécificités dans les filières choisies (agro., chimie), il y a aujourd'hui un rapprochement des destinées professionnelles des garçons et des filles. Au niveau familial, il y a aussi un rapprochement des destinées des garçons et des filles. Actuellement 98% des jeunes diplômées ingénieurs sont actives comme cadres supérieurs dans l'industrie.

Il faut noter que parmi les femmes des années 60 qui restaient ingénieurs (contrairement à celles qui devenaient enseignantes ou arrêtaient leur activité professionnelle) une très grande majorité (bien plus que les hommes du même âge) étaient célibataires ou divorcées.

Chez les femmes ingénieurs, il y a toujours une très forte part de femmes célibataires, alors que les hommes sont presque tous mariés. La tradition catholique, caractérisant le milieu des ingénieurs, qui est un milieu social très typé, considère le mariage comme la norme, on n'apprécie pas du tout les hommes non mariés dans l'industrie. C'est même caricatural lorsqu'on considère les postes de haute responsabilité, non seulement les hommes sont mariés, mais ils ont énormément d'enfants.

Du coté des femmes pionnières, le modèle est le célibat ou le divorce et elles vont rarement au-delà de deux ou trois enfants quand elles en ont. Aujourd'hui, les choses ont un peu changé. La dernière enquête de 1996 montre que chez les moins de 35 ans (ce sont les trois quarts des ingénieurs) la part de celles qui sont mariées et de celles qui ont des enfants est sensiblement la même que chez les hommes. On ne peut pas préjuger de l'avenir de leur couple... Par contre, dans les tranches d'âges plus élevées, on trouve de nouveau plus de divorcées et célibataires, donc on peut se demander quand même si on ne va pas vers plus de divorces pour la génération qui a 30 ans aujourd'hui. De plus, chez les polytechniciennes, on en trouve très peu qui ont 4 enfants ou plus, alors qu'il y a 15% de polytechniciens qui ont quatre, cinq ou six enfants.

Il y a des différences qui perdurent, mais, par rapport aux pionnières, il y a des évolutions qui vont dans le sens d'un rapprochement, et un coût en termes de vie conjugale et maternelle qui semble moins élevé pour ces catégories-là (dans la banque par exemple, le modèle de la femme cadre célibataire reste encore très dominant).

II. Des limites toujours perceptibles

Après ce panorama plutôt positif, voyons en effet ce qui l'est quand même moins.

C'est ce que j'appelle la « résistible ascension » (elle n'est pas tout à fait irrésistible). Il faut d'abord mentionner la lenteur extrême des évolutions dans ce domaine, voire la quasi stagnation du mouvement depuis dix ans. Les femmes ont pas mal progressé des années 70 aux années 80 (il n'y en avait quasiment pas et elles sont arrivées à 15%) et depuis elles grimpent péniblement à 20%, 22%. A Polytechnique, elles ont pris 2 ou 3% en dix ans, le moins qu'on puisse dire, c'est que ce n'est pas un raz de marée.

Ensuite, pour celles qui malgré tout sont dedans, du point de vue des carrières, on retrouve de façon étonnante les mêmes types d'inégalités professionnelles que l'on constate partout. La plus forte est qu'elles ont énormément de mal à accéder aux positions de direction, d'encadrement. Comme elles sont très diplômées, elles ont une capacité d'expertise, des compétences reconnues, elles sont appréciées, elles aiment leur métier. En dépit de temps de travail très lourd (50% au-dessus de 45 heures, beaucoup au-delà de 50 heures), en dépit de tout cela, dès que se précisent les évolutions de carrières, qu'il faut accéder à des positions d'encadrement hiérarchique (chef de service, directeur, directeur général et PDG), la part des femmes s'amenuise, voire disparaît. L'argument invoqué a été longtemps celui du vivier, expliquant que lorsque l'on aura plus de femmes à la base, on en aura plus dans ces postes. Cet argument ne tient pas vraiment, on l'a déjà vu dans des domaines comme l'enseignement où la part des femmes s'amenuise d'instituteur à professeur de faculté. Il ne joue donc pas non plus pour les ingénieurs, et l'argument qui dit que le diplôme permet d'effacer les inégalités ne joue pas, y compris pour les polytechniciennes. Là encore on peut avancer l'argument de l'âge disant qu'elles sont encore jeunes (25-30 ans en moyenne), mais il ne semble pas tenir aux vues de certains entretiens. Au cours d'un entretien, j'ai rencontré une femme dans une grande entreprise nationale qui avait très difficilement obtenu un poste de directeur des ressources humaines (on lui avait dit qu'avec sa voix fluette elle ne pourrait pas faire face à la CGT !) et, qui après y avoir brillamment réussi, a postulé pour un poste de directeur d'un centre opérationnel et à qui on a demandé lors de l'entretien d'embauche si elle comptait avoir un enfant (elle avait 42 ans et trois enfants !).

Il y a donc encore beaucoup d'obstacles, soit complètement explicites comme dans ce cas, soit beaucoup plus sournois. Il y a en plus, en amont, tous les mécanismes d'auto-sélection des femmes, c'est-à-dire qu'elles disent elles-mêmes aimer tellement leur métier qu'elles se refusent à prendre des postes de direction qui les obligeraient à perdre un certain nombre de tâches techniques plus liées à leur métier d'origine. Mais en même temps, quand on les interroge, cinq ou six ans après, c'est ce qui s'est passé avec des polytechniciennes, elles sont amères, car elles sont supervisées par des hommes, souvent infiniment moins compétents qu'elles, qui les embêtent, les limitent, elles sont furieuses et disent avoir eu tort.

De plus, avec tout le respect que je dois aux syndicats, on ne peut pas dire qu'ils défendent toujours la promotion des femmes dans ces grandes entreprises nationalisées, ce sont clairement des postes très convoités par les hommes où il y a beaucoup de concurrence. Par ailleurs, je parlais tout à l'heure de temps de travail très lourds, il est clair que là, il faut quasiment être totalement disponible à l'entreprise. La philosophie de ces grandes boites, pour les dirigeants, est d'exiger une disponibilité totale, absolue dans le travail, avec presque une religion des réunions le soir, où il n'est pas du tout correct de partir avant 20 heures.

Enfin, autant les femmes que j'ai interrogées sont ambitieuses, aimant leur métier, s'investissant à fond, autant dans leur vie familiale, elles ont renoncé à la guerre et assument tout. Ce sont elles qui, avec un système d'aide à domicile, gèrent les enfants quand ils sont malades, qu'il faut les écouter, etc.

En revanche, elles sont mariées avec des hommes qui ne font absolument rien à la maison, et de temps en temps elles avouent céder pour éviter le divorce. De ce point de vue, les choses n'ont pas changé, et on peut se dire que c'est parce qu'elles ne peuvent pas se battre sur tous les fronts, que c'est tellement coûteux, qu'en général, elles préfèrent tout assumer, se débrouiller, plutôt que d'avoir la guerre dans leur couple. Elles trouvent même parfois que leurs maris ne sont pas si mal car ils acceptent qu'elles travaillent à plein temps, qu'elles rentrent tard le soir, par rapport à la moyenne des hommes de leur milieu, leurs directeurs, qui eux n'ont pas trois enfants mais cinq ou six et qui sont mariés à des femmes qui ne travaillent pas, qui leur font des petits plats quand ils rentrent, etc.

Qui dit inégalité d'accès aux postes d'encadrement, dit inégalité de salaires. Le fait d'encadrer des subordonnés, toutes choses égales par ailleurs, est très important dans la détermination du salaire, tout comme le type d'horaire. Les femmes peuvent avoir des responsabilités énormes, notamment en termes de budgets, elles gèrent parfois des projets énormes, mais elles ne gèrent pas les carrières des gens, ce ne sont pas elles qui décident de l'avenir des gens, ce sont les hommes qui ont ce pouvoir-là.

Les différences de salaires tournent autour de 25 %. Pour les femmes, le salaire croît jusqu'à 40 ou 45 ans, puis stagne voire régresse.

On a beau faire du « toutes choses égales par ailleurs », on arrive indéfiniment à des différences de salaires. C'est la même chose pour le temps partiel, les femmes le réclament souvent (le mercredi) en disant que de toute façon elles ont le fax, l'ordinateur et le téléphone portable et qu'elle peuvent amener les enfants au judo, les aider pour les devoirs, c'est de la folie. Pas une fois, elles émettent l'idée que les hommes pourraient prendre leur mercredi. Le discours des femmes est toujours celui de dire qu'elles ne veulent pas prendre la place des hommes dans le travail, qu'elles veulent préserver les enfants, la qualité de la vie, etc.

Débat

Les conséquences de la non mixité de l'école

Question : A l'époque où les Ecoles normales étaient distinctes pour les garçons et pour les filles, les résultats étaient-ils les mêmes pour les filles et les garçons à l'issue de l'école ?

Réponse de Catherine Marry : Il y a le discours de l'ancienne directrice de Fontenay, Huguette Delabour, qui est une matheuse, célibataire, combattante, qui milite pour la parité, qui prétend que les femmes faisaient d'aussi bonnes carrières quand il y avait la non mixité des deux écoles. Ce qui est vrai c'est que par exemple au CNRS, les normaliennes faisaient de bien meilleures carrières que les autres, sortir de normale sup était un atout considérable dans les carrières universitaires et pour la recherche. On ne peut pas dire si ces carrières étaient les mêmes que celles des hommes mais elle dit qu'il y avait une opportunité pour les femmes de faire de belles carrières dans l'université et dans la recherche (et c'est vrai), mais malgré tout, elles disent toutes, que c'était considéré comme de la rigolade à coté de l'école des garçons, et elles venaient suivre les cours intéressant à Ulm.

L'école ressemblait un peu à un couvent laïc, elles avaient l'obligation jusqu'en 1945 de rester célibataires, elles renvoyaient l'image de la vieille fille bosseuse.

Ce que je veux dire, c'est que si on demande aux jeunes filles d'aujourd'hui si elles voudraient revenir à l'ancien système, elles répondent « surtout pas, c'est totalement dépassé ».

Il est évident qu'il y a un déficit aujourd'hui en termes de carrières offertes aux femmes, mais en même temps ces carrières étaient un peu dépréciées puisque féminines.

Historiquement ces écoles ont joué un rôle très important de promotion des filles, ce qui n'était absolument pas le cas des rares filles qui étaient dans des écoles de garçons, et en même temps, ce n'est plus du tout accepté par les filles d'aujourd'hui.

« L'exemple » de la fonction publique

Question : L'État en tant qu'employeur n'a absolument pas initié de démarche qui irait vers la parité, et c'est assez surprenant puisque l'on a affaire à des concours, objectifs, neutres. Les études récentes montre que le secteur public ne protège pas les femmes en terme de carrière.

Le rapport de Mme Colmou sur la fonction publique de l'État témoigne que le pouvoir politique n'a joué aucun rôle et qu'on est exactement dans la même situation que le privé, voire dans une situation plus dégradée. C'est révélateur non seulement par rapport à la situation des femmes mais aussi par rapport aux mécanismes de fonctionnement de l'État et des emplois de direction dans l'État.

Cela témoigne de tous les facteurs de népotisme qui existent dans les emplois de direction et de responsabilité de l'État. Quand on regarde l'enseignement, il y a 90% de femmes en maternelle, 30% maîtres de conférences et 10% de professeurs. On sait bien qu'à ces niveaux, cela fonctionne par cooptation et par groupe.

Réponse de Catherine Marry : Au niveau des postes élevés, c'est de la cooptation pas des concours. De plus, il y a la logique des grands corps de l'Etat, c'est cela qui permet de très belles carrières. Au concours de l'ENA, j'étais la seule femme dans le jury, c'était une véritable caricature. Dans les sous-thèmes abordés, dans les approches spécifiques, il y avait les délinquants, les immigrés, les handicapés et les femmes ! Quand j'ai soulevé le problème, on m'a répondu que toutes ces catégories avaient en commun un handicap ! Alors pourquoi pas le sida, etc. ! Cela les a un petit peu gêné quand même.

Les femmes et les sciences : la place des représentations

Question : Dans une réunion sur la science et les femmes, nous avons constaté que dans les sciences dures, il y a beaucoup de femmes, et on a parlé de ce qu'est l'activité de recherche, qui n'est pas souvent présentée comme une activité de travail, mais comme une activité en dehors du temps et de l'espace, entre le génie et la technique, qui ne serait pas accessible aux femmes. En ce qui concerne la science, c'est un domaine où la nature de l'activité de travail, c'est l'erreur, on progresse parce qu'on se trompe. Moins que les hommes, les femmes ont droit à l'erreur dans leur travail, les femmes ont toujours plus à prouver qu'elles sont compétentes, et leur droit à l'erreur est moins reconnu. Dans le domaine de la recherche, les femmes ont donc plus de difficultés que les hommes.

Si effectivement les femmes sont cantonnées dans des

postes éminemment techniques, comme les hommes ambitionnent davantage des postes de pouvoir, elles deviennent à un certain âge beaucoup plus compétentes qu'eux. Du coup, c'est un paradoxe puisque ce sont les hommes qui accèdent à ces postes d'organisation, de rapports humains, alors que les femmes ont en main la technique. C'est l'inverse de ce qui se passe dans la sphère familiale.

Réponse de Catherine Marry : Moi, j'ai plutôt cherché à savoir pourquoi les femmes étaient dans la science et non pas pourquoi elles n'y étaient pas. J'ai eu une approche structuraliste, j'ai été peu sensible aux arguments plus subtils tels que les représentations, et avec le temps, voyant que ça résiste tellement, il n'y a pas que des arguments objectifs et structurels, je pense que du point de vue des représentations, cela continue à être très difficile pour les femmes de s'identifier aux métiers des sciences et en particulier au métier d'ingénieur. Au colloque du bicentenaire de l'X, j'ai été frappée quand le responsable des études a dit : « le polytechnicien d'aujourd'hui, c'est l'officier de la guerre économique ». C'est vrai que l'X était l'armée, la défense, l'État, le pouvoir, les armes, et les sciences, tout pour dissuader les femmes. On se disait, aujourd'hui cela c'est « civilisé », et il parle de l'officier de la guerre économique ! Comment voulez-vous qu'une femme s'identifie à un discours pareil, c'est incroyable ! J'étais complètement effarée. Il y avait 100% d'hommes dans la salle, il n'y avait pas moyen d'intervenir alors qu'ils nous avaient commandé cette étude.

Je me suis dit qu'encore, dans les représentations, tout ce qui est la manipulation des outils, traditionnellement interdite aux femmes (dans des études faites par des anthropologues), reste très fort.

Aujourd'hui encore, quand je demande aux jeunes filles qui font de la chimie ou de l'informatique pourquoi elles ne font pas de la mécanique, elles me disent que ce sont des « gros appareils » ! C'est incroyable, car un ingénieur qui fait de la mécanique est derrière un ordinateur toute la journée, il ne touche pas le moindre appareil.

Les femmes et la technologie

Question : Une circulaire du ministère de l'Éducation nationale de 1948 disait qu'il n'était pas possible de recruter des femmes comme agent technique des laboratoires, car elles ne pouvaient pas manier le fer et le bois.

Même avec les transformations des contenus, pour revenir sur la question des machines, ce n'est pas parce qu'il y a la productique que les filles entrent dans les filières industrielles, cela n'a rien changé. Par contre, dans les filières comme la bureautique, le tertiaire, notamment la comptabilité, il y a un rééquilibrage filles-garçons. Dans l'industrie de l'habillement, que l'on appelle maintenant productique matériaux souples, il n'y a que des filles ; il y a aussi les représentations.

Réponse de Catherine Marry : Il y a aussi le passé. J'ai fait une étude sur pourquoi les filles faisaient de la chimie, il y avait évidemment tous les discours (« cela ressemble à de la cuisine, il suffit d'apprendre, etc. »), et y compris quand elles sont à normale sup. Mon analyse c'est que cela vient du passé, l'entrée des femmes dans l'industrie chimique est ancienne, notamment par l'entrée des laborantines pendant la guerre de 1914. J'ai retrouvé des textes disant qu'il était temps d'avoir des femmes laborantines car cela convenait bien aux femmes qui sont minutieuses, sérieuses, propres, elles savent laver comme il faut les tubes, etc. Embauchons enfin des laborantines, mais ne leur confions surtout pas des postes de responsabilité, car elles sont incapables. Donc, certaines femmes, petit à petit, ont fini par grimper, par occuper des postes de maîtrise, certaines ont dirigé des labos, et elles s'en sont parfaitement sorties. En fait, cela fait déjà soixante ans qu'il y a des femmes dans la chimie.

Certains disent, pour d'autres domaines comme la politique par exemple, qu'avec le temps, comme dans le cas de la chimie, la participation des femmes augmentera toute seule, sans que l'on intervienne. Peut-être, mais il ne faut pas oublier non plus que ces phénomènes sont aussi réversibles.

Contraintes de mobilité et de disponibilité : l'enjeu du temps de travail

Question : Le problème du temps de travail des cadres est beaucoup plus important en France que dans le reste de l'Europe. Il y a forcément quelque chose à faire sur les conséquences sur les femmes cadres.

Dans une réflexion sur la réduction du temps de travail, avec les femmes de mon organisation nous avons sorti un tract sur ce que les femmes pensaient de l'organisation et du temps de travail, en faisant des propositions.

En fait, des hommes nous ont dit après qu'il y avait là des arguments qu'ils n'avaient pas osé avancer. Les femmes ont parfois la possibilité de dire tout haut ce que bien des hommes pensent tout bas.

Sur la place du travail, il me semble qu'il y a des choses qui bougent. Dans les réflexions sur la réduction du temps de travail, on a beaucoup parlé des cadres. Y compris pour les jeunes hommes qui ont des postes de responsabilité, il y a une autre conception de la place du travail, des hommes demandent à travailler moins.

Sur ce thème, il y a eu une expérience à la ville de Rennes, c'est Annie Junter-Loiseau qui est intervenue sur ce dossier. Il y a eu toute une réflexion sur l'organisation du temps et sur le rapport hommes-femmes dans l'allocation du temps et les responsabilités. Les femmes n'étaient évidemment pas aux postes clés, avec en plus le problème des élus locaux. Il y avait non seulement le problème d'encadrer des équipes mais aussi d'avoir politiquement un rôle. Ce qui ressortait de cette étude et de la revendication des femmes c'est que, à poste équivalent, il était très important pour les hommes de dépasser leurs horaires, de prouver à l'extérieur qu'ils restaient tard le soir, et les femmes disaient l'inverse, c'est-à-dire que lorsqu'elles dépassaient leur horaire de sortie (qui était déjà à 20 heures !), pour elles c'est qu'elles n'étaient pas arrivées à réaliser leurs objectifs dans le temps prévu, c'était un signe de dysfonctionnement du service. On a vraiment là deux cultures différentes. Elles ont réussi, par une démarche, une commission de réflexion sur le temps, à imposer qu'il n'y ait plus de réunions tard, etc. Elles ont réussi à montrer que, par exemple, elles arrivaient plus tôt le matin que les hommes et que de toutes façons, elles étaient tout aussi efficaces.

Réponse de Catherine Marry : J'irai plus loin car je pense qu'en ce qui concerne ce problème des horaires 'il faudrait connaître la souffrance des hommes. J'ai rencontré un homme ingénieur responsable d'un service informatique avec 40 % de femmes. Il s'était rendu compte qu'il n'arrivait pas à faire promouvoir des femmes qu'il estimait très compétentes car il y avait des réunions le soir, qu'elles étaient jeunes, qu'elles avaient des enfants. Alors il a décidé d'interdire les réunions après 18 heures. Et paradoxalement, alors qu'il avait été assez agressif en parlant de sa propre expérience de conciliation de vie familiale et de vie professionnelle (cinq enfants, femme qui a arrêté de travailler), il a dit être rentré enfin plus tôt chez lui et avoir vu ses enfants grandir. Bien sûr c'est un cas un peu merveilleux de conversion, d'ailleurs liée à la productivité, il avait des femmes très bonnes et majoritaires, mais cela a induit une réflexion sur sa propre histoire. Je crois qu'un certain nombre d'homme sont victimes de cela. Dans le cas des rares polytechniciens que j'ai rencontrés qui se mettaient un peu en retrait dans leur carrière, qui travaillaient moins, qui réussissaient moins bien que leurs femmes, cela se passe très mal aux yeux de la société, ils subissent l'opprobre générale. Il faut aussi lutter contre ça.

Il faut aussi ajouter à la réflexion la question de la mobilité. Pour accéder à un poste de responsabilité, très souvent il faut accepter de bouger. En général, quand il y a une décision à prendre, la primauté va très souvent à l'homme. Par exemple, dans la carrière d'ingénieur, s'il faut passer à un moment à ou à un autre par la direction d'une usine en province, peu de femmes vont le faire.

Le déni d'identité des femmes cadres

Question : J'ai réalisé un rapport sur les femmes cadres supérieures au FMI à Washington. Ce sont souvent des femmes polytechniciennes françaises, elles ne sont pas arrivées à des postes de responsabilité. Ce qui est frappant c'est qu'elles sont restées longtemps sans se considérer différentes de leurs collègues, jusqu'à ce qu'elles aient le nez sur l'évidence. J'ai trouvé une énorme douleur dans leur discours, car après avoir passé des années à nier ces différences, comme si cela allait empêcher ces différences d'exister, une fois submergées par l'évidence elles avaient un discours de colère, elles étaient très amères. Dans mes entretiens avec les directrices du FMI, qui se présentaient comme des directeurs, je leur ai demandé si elles avaient perdu leur féminité en accédant au poste. Certaines m'ont répondu que ça les regardaient, et une m'a dit « mais oui, tout à fait, il faut jouer le jeu si on veut arriver ». En fait, la démarche qu'elle avait eue dans le syndicat, pour commander l'étude que je faisais, n'était pas du tout à ses yeux une démarche solidaire vis-à-vis des femmes, mais pour elle simplement un rapport pour le bien de l'institution. Elle était complètement dans le déni.

Réponse de Catherine Marry : C'est tout à fait passionnant. J'ai en effet ressenti cela, les femmes jeunes me disent qu'elles aiment leur métier, que la technique c'est passionnant, et les plus âgées disent « quel abruti j'ai au-dessus de moi, c'est insupportable, j'ai payé trop cher » ; elles sont amères.

Quand j'ai présenté ma recherche sur les polytechniciennes, les filles me disaient « on n'est pas des polytechniciennes, on est des polytechniciens », c'est le déni total.

Ce que je peux dire c'est que beaucoup de filles de ces écoles avaient envie du masculin, elles étaient sur le déni du féminin. Quand on les interroge, elles disent avoir toujours été avec des garçons, n'avoir jamais aimé les jeux de filles, etc. Evidemment, elles ne vont pas dire qu'elles sont malheureuses puisqu'elles ont ce qu'elles voulaient, ce qu'elles valorisaient.

Les femmes et le pouvoir

Question : Par rapport à l'organisation du travail, ce que je crains c'est que, quand on reste à des niveaux assez bas de responsabilité, on peut en effet penser un retraitement de l'organisation du travail, mais dans les hiérarchies plus hautes, il y a l'effet de l'attrait du pouvoir qui ne se compte plus en heures mais en poids en soi. Ce qui compte c'est le pouvoir. Donc, je ne crois pas qu'il soit suffisant de repenser l'organisation du travail.

Vous disiez tout à l'heure que des femmes refusaient de s'aligner sur le modèle masculin et moi je dis tant mieux et bravo. Il y a celles qui veulent y arriver et qui veulent bien s'aligner sur ce modèle, et qui n'ont pas le choix, mais je crois que peut-être on a toujours un peu le choix, surtout si on n'est pas seul, on peut avoir accès à ces postes-là, à ses propres conditions. Si l'objectif c'est uniquement d'avoir des postes de direction à n'importe quelle condition, là je ne suis pas d'accord. Vous disiez tout à l'heure que vous étiez la seule femme dans un jury : cela, c'est la mixité ! Pourrait-on orienter les choses différemment s'il y avait plus de femmes dans les jurys, les entretiens d'embauche, etc. ?

Le lien avec l'organisation interne des syndicats

Cela rejoint aussi l'organisation interne des syndicats, c'est une réalité dans les syndicats. Accéder à des postes de responsabilité pour des femmes, cela n'est pas simple non plus dans les syndicats. On retrouve les difficultés d'horaires. La question du changement du mode d'organisation des syndicats se pose. Par contre, il y a une autre réalité, c'est qu'il faut être extrêmement volontariste pour le faire, cela n'est pas encore ancré dans nos mentalités. Quand on regarde les associations, la trésorière c'est une femme, le responsable de l'association c'est un homme.

A la fédération de la santé, il y a 65% de syndiquées femmes sur 43 000, et il n'y a que 10% des syndicats qui sont tenus par des femmes et pourtant on est très largement majoritaire.

La cooptation, les réseaux de recrutement en faveur des femmes ?

Question : Je me demandais si, en même temps qu'il y avait de plus en plus de femmes directrices, il y a un développement de réseaux de cooptation de femmes ?

J'avais un témoignage d'une femme DRH d'une entreprise assez importante, à qui je demandais si elle faisait une différence entre un homme et une femme lors d'un entretien. Elle m'a répondu qu'elle avait constaté que les femmes arrivant à ces niveaux-là étaient amères et revanchardes et qu'assez souvent elle ne les prenait pas.

Réponse de Catherine Marry : Comme on l'a dit, elles fonctionnent beaucoup sur un mode de déni de soi, elles ne font donc pas jouer de réseaux. Il y a des études américaines qui prétendent que si. Mais il n'y a rien là dessus en France.

Cinquième séance, 18 février 1999

La valorisation des diplômes dans l'emploi des femmes

Marlaine Cacouault *

Je m'intéresse à la relation entre le diplôme détenu par les femmes à une époque donnée et l'usage qui en est fait dans le cadre de l'activité professionnelle, et aussi dans la sphère privée et domestique. Le diplôme a un double usage, en particulier pour les enseignantes, et notamment pour celles du secondaire.

Si je mets l'accent sur l'idée que le diplôme pourrait être utilisé à la fois dans l'activité professionnelle et dans la sphère domestique, ou seulement dans l'une des deux sphères, c'est que la création d'un enseignement secondaire public pour les filles à la fin du XIXe siècle ne signifiait pas que celles qui suivaient cet enseignement étaient encouragées à exercer une profession. Il s'agissait, à ce moment-là, d'en faire un usage privé. La seule profession qui a été officiellement considérée comme ouverte aux femmes par les pouvoirs publics est celle de professeur de collège ou de lycée de jeunes filles. Les autres femmes instruites étaient supposées se marier, élever leurs enfants et soutenir la carrière de leur mari.

Ces objectifs et la tradition qui s'est constituée à partir de là, ont eu pour conséquence d'orienter les choix

* *Sociologue, maître de conférences à l'université de Paris V.*

d'études et les choix professionnels des femmes de telle manière que le professorat du secondaire est devenu tout au long du XXe siècle un débouché privilégié des diplômées, celles-ci demeurant peu nombreuses jusqu'à une date récente dans les professions libérales, par exemple, qui exigent également des études longues.

En 1968, le taux de féminisation de la catégorie « professeurs, professions littéraires et scientifiques » est de 45,2%, mais les femmes appartenant à cette catégorie sont essentiellement des enseignantes du secondaire. Pendant que les membres des professions libérales comptent 13,2% de femmes en 1968, les ingénieurs 3,2% et les cadres administratifs supérieurs 13,2%…

Je considère le choix massif de l'enseignement secondaire par les diplômées de l'après-guerre non seulement pour lui-même, mais aussi comme le révélateur des difficultés et des contradictions rencontrées par les femmes qui cherchent à valoriser leur formation scolaire et universitaire dans une carrière.

Si cette profession a été et est encore si souvent « choisie », c'est parce qu'elle permettrait de concilier plus facilement que d'autres l'engagement professionnel, le travail rémunéré et les tâches dévolues traditionnellement aux femmes dans la sphère domestique, dont l'éducation des enfants. Cette représentation s'impose dans les années 60 et 70, quand s'engagent dans le professorat des diplômées du supérieur qui sont les premières femmes à travailler pour un salaire dans leur famille d'origine. Cette représentation s'accompagne d'une autre, à savoir que l'enseignement secondaire offrirait peu de possibilités de promotion : il s'agirait en quelque sorte de carrière « plates ». Je nuancerai ces deux points de vue.

Je commencerai par rappeler quelles sont les modalités de scolarisation des filles et des garçons dans l'enseignement du second degré et à l'université dans la première moitié du XXe siècle et à partir des années soixante, quand la scolarité est devenue obligatoire jusqu'à 16 ans (en 1959). Tous les enfants poursuivent désormais des études au-delà du primaire et l'université s'ouvre à un nombre croissant d'étudiants.

Dans un deuxième temps je mettrai l'accent sur l'usage féminin et masculin des mêmes diplômes dans différents secteurs de l'emploi public et privé et dans l'espace du professorat. En effet, même si les enseignantes sont plus nombreuses que les enseignants dans le secondaire, des disparités selon le grade et la discipline sont observables ainsi que des inégalités du point de vue de l'accès aux positions les plus valorisées. Nous verrons que ces disparités font écho à celles qui existent dans les autres secteurs. Je postule donc qu'il existe des possibilités de promotion et que les hommes en bénéficient plus fréquemment que les femmes.

Je fais conjointement l'hypothèse que les enseignantes qui cherchent à progresser dans la carrière rencontrent des obstacles, en raison notamment de leur situation familiale. Toutefois, j'ai cherché à montrer surtout que des conjonctions de facteurs, appartenant à la fois à la sphère professionnelle et à la sphère domestique, déterminaient l'évolution des carrières à différents moments du temps. Je ne me place pas dans la perspective où les femmes seraient unilatéralement les « victimes » de leur vie familiale. Ce sont des facteurs de nature hétérogène qui s'articulent pour favoriser ou freiner l'évolution des carrières. Quand je dis sphère « domestique », j'inclus toute l'histoire familiale de la personne.

Les traits de la vie personnelle et familiale n'ont pas été considérés comme jouant *a priori* négativement, mais ils peuvent jouer négativement. J'ai voulu montrer que leur effet négatif se manifestait dans une conjoncture donnée, en articulation avec d'autres facteurs d'origine diverse.

Le troisième point a trait à l'une des évolutions de carrière possibles pour une enseignante du secondaire, et plus largement pour celles du second degré, qui est la direction des collèges et des lycées. Il y a déjà une longue histoire puisque la direction des lycées de jeunes filles fut confiée à des femmes. J'évoquerai donc là un cas de masculinisation récente d'une fonction d'encadrement, proviseur de lycée et principal de collège. Mon hypothèse est que cette masculinisation, pour être comprise, doit être mise en rapport, d'une part, avec la généralisation de la mixité dans les établissements et, d'autre part, avec les transformations qui affectent aujourd'hui le rôle et les missions des chefs d'établissement en raison des mesures de décentralisation. On montrera que la masculinisation, ou la féminisation d'un poste, d'une profession, vont de pair avec des changements d'ordre politique, institutionnel, technique... concernant le rôle et la formation des agents, la demande réelle ou supposée des usagers ou de la clientèle.

I. Les modalités spécifiques de l'accès des filles aux études depuis 1880

Lors de la création des lycées de jeunes filles et du professorat féminin en 1880, l'objectif n'est pas de former les élèves de façon à ce qu'elles puissent ultérieurement exercer une profession. Ces établissements délivrent un diplôme de fin d'études qui n'a aucune valeur sur le marché du travail. C'est après 1924, quand les enseignements féminins sont assimilés aux enseignements masculins (loi Bérard) que le baccalauréat est officiellement préparé dans les lycées de filles. Le latin et le grec ne sont pas enseignés systématiquement aux filles avant 1924. Ces matières conduisaient aux professions libérales, aux fonctions politiques, aux positions de pouvoir. Le fait de ne pas étudier le latin et de ne pas préparer le « baccalauréat » interdisait l'entrée de l'université à la majorité des jeunes femmes. Une minorité passait l'examen en candidates libres, les parents payaient des cours particuliers.

Une contradiction apparaît toutefois : dans la mesure où la mixité est refusée dans le secondaire, il faut des professeurs femmes pour exercer dans les lycées de jeunes filles. Par la même occasion, une profession qualifiée s'ouvre à celles qui souhaiteront utiliser leurs connaissances dans un métier. L'ENS de Sèvres est créée en 1881 (loi Camille Sée), un concours d'entrée est institué.

Au début du siècle, le travail des femmes instruites est conçu comme un pis-aller et le professorat est présenté comme destiné à celles qui sont contraintes de travailler, dont la famille a connu des revers de fortune, qui n'ont pas de dot… et qui prennent le risque de rester célibataires. Ainsi, en 1935, on trouve encore 65% de célibataires chez les professeurs des lycées.

Pour Camille Sée, *« A mesure qu'il se présentera des femmes capables de donner l'enseignement, on devra les préférer aux hommes. Il y a deux raisons à cela. La première est que toutes les carrières sont fermées à la femme et que nous avons là l'occasion de lui ouvrir celle de l'enseignement, nous devons le faire. De plus, nous trouvons chez les femmes des qualités que nous chercherions en vain chez l'homme »*. Il y a tout de suite une tentative pour « féminiser » le professorat, alors que cette fonction a été créée en 1802 par Napoléon au moment de la fondation des lycées de garçons.

Camille Sée ne veut pas d'avocats « femelles », mais il admet davantage qu'une femme puisse être médecin ou professeur, ce qui est tout à fait révélateur. Il n'y a pas eu de magistrat femme avant 1946, cette profession était fermée aux femmes car elles ne votaient pas. Dans les lycées de filles, on souhaite dispenser un savoir modéré, je soutiendrai volontiers que cette tradition s'est perpétuée pendant longtemps et qu'elle produit encore des effets aujourd'hui.

En effet, selon Octave Gréard, autre penseur de la IIIe République, *« La science enseignée dans les lycées de filles sera exacte, mais bien des détails de menus savoirs et de menus faits peuvent être épargnés aux jeunes filles, il suffit de mettre en pleine lumière les grands gains de la civilisation humaine »*. Autrement dit, il s'agit de vulgariser un savoir scientifique en privilégiant les acquis sur la démarche. Il dit encore ceci : *« En mesurant le temps aux professeurs, on avait le dessein de les obliger à maintenir leur enseignement dans une juste mesure »*. Nous verrons que cet esprit est encore celui des Écoles normales supérieures féminines au cours des premières décennies de l'après-guerre et même jusque dans les années 70. Les femmes que j'ai interrogées dans le cadre d'une enquête, qui sont agrégées d'une matière scientifique, qui étaient à l'ENS dans les années 60 ou 70, disent qu'on les encourageait beaucoup plus à devenir professeur dans le secondaire qu'à devenir chercheur.

En 1900, les étudiantes représentent 3% de l'effectif global des étudiants, et 28% en 1935. Les disparités selon les disciplines sont importantes puisque dès 1935, le taux de féminisation en lettres est proche de 50%, alors qu'il est de 9% en droit, 17% en médecine, 14,4% en sciences. En 1954, 57% des étudiants en lettres sont des étudiantes, 25% en sciences. Il n'est donc pas étonnant que les femmes diplômées du supérieur, qui cherchent à travailler pour un salaire, se dirigent vers le professorat, après une licence d'enseignement en lettres ou en sciences.

Le taux de féminisation des médecins est de 6% seulement pour la génération née entre 1900 et 1904, qui prend sa retraite dans les années 60. Ce taux atteint 7,8% pour ceux nés entre 1915 et 1919, et 15,5% pour la génération 1925-1930. Tout cela montre bien que le professorat est « le Débouché », avec un D majuscule.

II. Usages différenciés des diplômes

Quelle est la place des garçons et des filles dans les filières du second degré et du supérieur au début des années 70 ? A cette date-là, les réformes du second degré sont accomplies, tous les enfants poursuivent des études au-delà du primaire. La proportion de bacheliers pour une classe d'âge est passée de 5,4% en 1950 à 17,3% en 1970-1971 pour les bacs généraux et la population étudiante dans les universités a triplé : elle était de 215 000 en 1960 et elle est de 637 000 en 1970. Du côté des classes préparatoires, elle est passée de 21 000 à

31 000.

En 1973-1974, les filles représentent presque 55% des élèves du second cycle long et 46,4% des étudiants des universités, 29% des élèves des classes préparatoires et 7,9% seulement des élèves des écoles d'ingénieurs. Du point de vue des filières, elles se trouvent concentrées en lettres où elles représentent 66% des étudiants alors qu'elles ne représentent que 34% des inscrits en sciences, 36,5% en médecine et 42% en droit. De plus, leur présence est moins importante à mesure que l'on passe du premier au troisième cycle ; en lettres leur proportion chute de 67% à 47% (cela prouve encore une fois qu'elles vont aller vers l'enseignement avec un diplôme de deuxième cycle) et en sciences de 37,3% à 23%.

Dans les CPGE (classes préparatoires aux grandes écoles), au début des années 80, il y a 65,2% de filles dans les sections littéraires et 17,3% dans les sections scientifiques. Elles sont 45,4% dans les classes préparatoires à HEC et seulement 29,7% parmi les élèves qui ont intégré l'école.

Cet ensemble de données confirme, et explique en même temps, la féminisation du professorat. Les filles font plutôt des études littéraires et s'arrêtent une fois accompli un deuxième cycle les conduisant à l'enseignement, et c'est bien souvent la même chose pour celles qui ont intégré les ENS en lettres ou en sciences.

Comment se présente la féminisation du professorat dans les années 60 et 70 ? C'est à ce moment-là qu'elle atteint son apogée. On trouve 56% de femmes chez les professeurs agrégés en 1970-1971 et 62,2% chez les professeurs certifiés alors qu'elles constituaient respectivement en 1950 41,5% et 45,3% des effectifs dans ces catégories. Le recrutement est important puisque les effectifs d'enseignants passent de 45 000 en 1960 à 105 000 en 1974-1975. Du point de vue des disciplines, 45% des professeurs de mathématiques sont des femmes en 1965, 46% en 1975 ; à cette date, 63% des professeurs de lettres sont des enseignantes dans les lycées (la féminisation est encore plus importante dans les collèges, 70%).

Tout se passe comme si la « volonté » des femmes diplômées du supérieur d'utiliser leurs titres dans une profession, rencontrait une demande de l'institution qui, pour « démocratiser » l'accès au second degré, a besoin de professeurs.

Ces femmes appartiennent à tous les milieux sociaux. Quand elles sont issues de la moyenne bourgeoisie, elles sont les premières dans leur famille à travailler : leurs mères, titulaires d'un baccalauréat ou d'une licence, n'ont pas rentabilisé leur diplôme dans une activité rémunérée. On trouve maintenant (dans les années 90) dans la catégorie cadres d'entreprises ou ingénieurs, des femmes qui vingt ans plus tôt seraient devenues professeurs avec le même profil social. Il s'agit en quelque sorte d'une « troisième génération ».

En outre, après la seconde guerre mondiale, la situation personnelle des enseignantes du secondaire a changé. Ce sont désormais des femmes mariées et mères de famille, moins souvent des célibataires. Plus de 60% des conjoints sont des cadres supérieurs et des membres des professions libérales en 1975, ce qui vaut pour 9% des femmes actives à cette époque. La moitié des maris cadres sont des non-enseignants. La situation est sensiblement la même en 1990.

L'idéal de la IIIe République était que la femme puisse jouer un rôle d'éducatrice à la fois dans la sphère professionnelle et dans la sphère privée. Cet idéal se trouve enfin réalisé, l'enseignante mère de famille a un rôle à jouer dans l'école et au foyer. En effet, depuis une trentaine d'années, l'angoisse scolaire se manifeste, le diplôme est un enjeu capital et dans les classes moyennes, on cherche à maximiser les profits scolaires. La structure sociale a changé, le nombre des salariés a augmenté pendant que diminuait celui des travailleurs indépendants.

Les diplômées du supérieur, qui représentent une minorité parmi les femmes de leur génération, sont « drainées » vers le professorat, alors que d'autres femmes moins diplômées vont occuper des postes de cadres dans le secteur privé. Selon une publication de l'Apec en 1981, sur l'ensemble de la population cadre féminine, près de la moitié des cadres supérieurs et des techniciennes et près des deux tiers des cadres moyens n'ont pas le niveau baccalauréat. Mais l'exigence de diplôme augmente très rapidement, et les femmes cadres de moins de 35 ans sont plus diplômées que les hommes de cette catégorie. Selon l'enquête emploi de 1980, 12% des femmes ingénieurs ont un diplôme inférieur au baccalauréat, 19,8% sont au niveau baccalauréat ou BTS, 21% ont fait deux ans d'études supérieures, 47,3% ont un diplôme supérieur ou égal à la licence.

La représentation du métier de professeur comme activité permettant une disponibilité pour soutenir la carrière scolaire des enfants et la carrière professionnelle du mari, contribue à orienter les femmes vers l'enseignement, surtout lorsqu'elles ont fait des études littéraires.

Toutefois, si l'on se réfère à l'ouvrage de Luc Boltanski sur *Les cadres*, on voit que dans les années 70 où il n'y avait pas de difficultés majeures sur le marché de l'emploi, des hommes sont devenus cadres d'entreprise avec un diplôme d'études littéraires.

Qu'en est-il de ces phénomènes dans les années 80 et 90 ? On continue d'observer en 1996-1997 une forte concentration des filles dans les études de lettres et de langues, elles représentent 74,6% des étudiants de ces filières pour seulement 35,1% dans les sciences et structure de la matière et 21,7% dans les sciences de l'ingénieur. Les effectifs féminins ont augmenté en droit et en sciences politiques (60%), ils atteignent 47,3% en économie et gestion et 53,2% en médecine.

Le phénomène d'« évaporation » des effectifs féminins au niveau du troisième cycle subsiste, ce qui signifie que les femmes rentabilisent encore fréquemment leur diplôme dans l'enseignement secondaire et primaire (la licence étant désormais exigée pour le professorat des écoles). Dans les écoles d'ingénieurs, le taux de féminisation est de 22,3%. A l'heure actuelle, dans les classes préparatoires littéraires il s'élève à 74,6% (51% dans les classes préparatoires économiques) alors que dans les classes préparatoires scientifiques 25% des effectifs sont féminins. Les élèves des classes préparatoires littéraires se dirigeront dans la plupart des cas vers l'enseignement, ainsi qu'un grand nombre de filles issues des classes préparatoires scientifiques. Le seul changement réside dans le fait qu'elles sont un peu plus nombreuses que par le passé à briguer l'enseignement supérieur.

Pour ce qui est des professeurs du secondaire en activité, la féminisation a plutôt baissé à partir de la deuxième moitié des années 80. Le chômage a-t-il provoqué un retour des hommes dans le secteur public ? En 1996-1997, les femmes constituent 50,8% des agrégés et 60,1% des certifiés. Les disparités entre les disciplines restent marquées : en 1996-1997, il y a 39,4% de femmes en philosophie, 43,3% en sciences physiques, 78,6% en langues vivantes et 73,9% en lettres.

Ces disparités et d'autres facteurs professionnels et privés, ont pour conséquence de créer des différences entre hommes et femmes du point de vue des positions professionnelles et des postes occupés dans l'espace du professorat. Les constats que nous avons pu faire contredisent dans une certaine mesure l'idée selon laquelle l'égalité règne lorsque les procédures de recrutement sont très codifiées et quand l'ancienneté est un critère important pour l'avancement. En même temps, je vais montrer que ces procédures restent protectrices pour les femmes, bien qu'elles demeurent sous représentées dans les postes les plus valorisés. J'ai reconstitué et comparé des carrières de femmes et d'hommes qui ont bénéficié d'une promotion ou qui ont renoncé à le faire à un moment précis de l'itinéraire personnel et professionnel.

III. La différenciation des carrières entre hommes et femmes

S'agissant des professeurs de lycée, nous avons vu que la féminisation a baissé chez les agrégés. Par ailleurs, elle n'a guère progressé depuis dix ans chez les enseignants des classes préparatoires alors que ce type d'affectation représente une possibilité de promotion pour les professeurs du secondaire. La position la plus valorisée est celle de professeur de « première chaire ». Elle est détenue par des agrégés ayant effectué tout leur service dans des classes préparatoires, ils ne comptent que 29% de femmes dans leurs rangs. La féminisation est plus importante à Paris, pour tous les grades ; c'est une ville atypique du point de vue des chefs d'établissement aussi, puisque c'est la seule académie où il y a autant de femmes que d'hommes chez les proviseurs de lycée et les principaux de collège.

Si l'on évoque maintenant les postes occupés, non seulement en fonction du grade mais aussi en fonction du type d'établissement, collège ou lycée, on constate que les femmes sont plus présentes dans les collèges (63% de femmes) que dans les lycées (52%). Cette inégalité s'explique en partie par d'autres disparités, non seulement le grade mais aussi les disciplines enseignées. Les femmes sont très nombreuses dans les spécialités concernant à la fois le premier et le second cycle, il y a donc un « excédent » de femmes qui vont aller vers le collège, une fois pourvus les postes en lycée. Au contraire, elles sont minoritaires dans des disciplines concernant uniquement le second cycle comme la philosophie ou les sciences économiques et sociales (43%).

Néanmoins, j'ai voulu voir ce qui se passait quand la discipline était pratiquée par un nombre comparable de femmes et d'hommes. C'est le cas de l'histoire-géographie et des mathématiques. Même dans ce cas de figure-là, les enseignantes sont davantage présentes dans le premier cycle : lorsque des agrégés exercent dans le premier cycle, ce sont presque toujours des femmes. Il est donc cohérent de penser qu'elles demandent moins souvent que les hommes leur mutation pour un lycée et qu'elles sollicitent plus rarement une affectation en classe préparatoire. Pour certaines, c'est une stratégie d'enseigner au collège quand les enfants sont jeunes ; elles cherchent, dans une deuxième phase de leur carrière, à se faire nommer dans un lycée ou comme Prag à l'université (enseignants agrégés du secondaire détachés à l'université). Ce type de démarche est plus précoce quand il s'agit des hommes, à niveau de qualification comparable.

Pour être affecté en classe préparatoire, il faut le demander, il faut aussi avoir le feu vert de l'inspection générale. Le chef d'établissement peut également avoir son mot à dire. Mon hypothèse est qu'il y a plus de discrimination par rapport aux femmes quand c'est le chef d'établissement qui attribue les classes post-bac. que lorsque c'est l'inspecteur qui tranche. En effet, pour l'inspection, les titres, les diplômes, la qualification spécialisée, comptent au premier chef. En revanche, le chef d'établissement peut apprécier des attitudes, des comportements, des « compétences » développés dans un contexte local et qui dépendent beaucoup de la « disponibilité » et de l'« adaptabilité » de la personne. Selon moi, donner plus de pouvoir au chef d'établissement serait prendre le risque d'accroître les inégalités entre les enseignants et les discriminations entre sexes.

La tendance des femmes à sous-estimer leurs compétences et à briguer des postes à responsabilité uniquement quand elles disposent de titres prestigieux, explique également les disparités observées entre hommes et femmes. Dans le cadre de l'enquête que j'ai réalisée par questionnaire et entretiens, j'ai constaté les faits suivants : des hommes qui n'avaient pas un cursus si brillant que cela, ont fait preuve d'audace en demandant des lycées et des classes post-bac., alors qu'ils n'étaient pas normaliens et n'avaient pas fait d'études très rapides. Ce comportement n'est jamais identifiable chez les femmes.

Selon les témoignages recueillis, les encouragements prodigués par les supérieurs hiérarchiques et particulièrement les inspecteurs spécialisés dans les disciplines ont eu des effets positifs sur les carrières des femmes quand elles doutaient de leurs capacités, hésitaient à briguer certains postes ou à passer certains concours.

Alain Bigard, de l'université du Maine, a étudié l'évolution des carrières d'une cohorte d'enseignants qui avaient moins de 30 ans en 1978. Il a comparé le devenir des hommes et des femmes et les positions professionnelles occupées en 1994. Sur cette période de 16 ans, on constate que presque 20% des certifiés hommes ont accédé au grade d'agrégé, pour 11% des certifiées femmes. Les hommes sont trois fois plus nombreux à être devenus chef d'établissement ou à occuper en 1994 un poste dans l'enseignement supérieur.

Le recrutement a été important dans le supérieur entre 1961 et 1971 et ce sont avant tout des hommes qui ont saisi cette opportunité. Entre 1977 et 1985, l'augmentation a été seulement de 3 000 postes, mais elle atteint 8 000 postes entre 1988 et 1992. En 1980, le taux de féminisation des professeurs d'université est de 7,4% en sciences et 5,8% en santé. Pour les maîtres de conférences, 22,4% et 44,2%. Il est intéressant de voir qu'en santé, au grade de professeur, les femmes ne sont que 5,8% alors qu'elles sont 44,2% des maîtres de conférences. On voit bien que leur carrière est bloquée à ce niveau-là. En 1995, la féminisation est de 13,2% chez les professeurs en droit, 25,4% en lettres, 8,8% en sciences. Les avancées ne sont donc pas considérables.

Parmi les personnes que j'ai interrogées et qui pouvaient prétendre à des postes dans le supérieur (des normaliennes, des agrégées), une partie s'est trouvée confrontée à une pénurie de postes dans des disciplines rares comme le grec et le latin, mais ce n'est pas le seul élément à prendre en compte. Certaines ont adopté un style de vie en contradiction avec la disponibilité qu'exige l'enseignement supérieur, notamment sur le plan de la mobilité géographique. Elles ont d'abord opté pour une stratégie de repli mais elles ont obtenu vers 45 ans un service partiel en classe préparatoire, avec l'appui d'un inspecteur. Et encore, certaines obligations, comme la participation à des jurys de concours pendant la première quinzaine de juillet, ne sont pas bien vues par la famille.

Il y a aussi le cas de figure de normaliennes qui après la période 1968 ont voulu travailler dans le secondaire et ont eu des activités diverses comme le théâtre, le militantisme... c'est seulement à 50 ans qu'elles enseignent dans les classes post-bac. ou à l'université. Il faut prendre en compte ici l'effet de génération et de contexte car les jeunes femmes d'aujourd'hui, avec les mêmes titres, cherchent plus rapidement à rentabiliser leurs diplômes dans le supérieur et la recherche. Néanmoins, on trouve encore à l'heure actuelle plusieurs profils.

Quand la promotion en faculté est tardive, après 40 ans, les titres « secondaires » sont réutilisés et le travail à mi-temps sert à mener à bien un projet de thèse. Ces femmes-là sont plutôt mariées avec un enseignant du secondaire ou du supérieur ; quand elles sont normaliennes elles sont mariées avec un autre normalien, et comme par hasard il a connu, lui, une promotion précoce dans le supérieur et même dans la discipline dont l'épouse est également spécialiste. Les femmes, quand elles étaient à l'École normale de Sèvres ou de Fontenay, se voyaient destinées au professorat du secondaire, les hommes avaient davantage d'« ambition ».

Finalement, on voit que des femmes moins titrées sont parfois parvenues au même résultat, plus rapidement, en réunissant un ensemble de conditions. Il faut toujours un ensemble de conditions pour évoluer dans la carrière, dont la disponibilité et l'obstination. Par exemple, une enseignante interviewée qui enseigne dans les « prépas » HEC, a commencé comme maîtresse auxiliaire d'anglais, s'est mariée avec un ingénieur ; elle est issue d'un milieu modeste et a élevé trois enfants. Elle semble cumuler les handicaps. Elle se sentait dévalorisée comme auxiliaire, elle s'est arrêtée de travailler et a fait une dépression nerveuse ; pour « s'en sortir », elle a préparé et réussi le Capes, elle a obtenu au bout de quelques années une mutation du collège au lycée. La stratégie de promotion ne s'arrête pas là ; comme elle exerçait dans un lycée technique, elle trouvait que ce n'était pas assez stimulant, elle a donc pris un mi-temps pour préparer l'agrégation. Elle raconte comment elle essayait de faire en sorte que l'entourage familial ne puisse pas la « prendre en faute » : elle préparait les repas pour tout le monde et allait travailler dans sa chambre ses cours d'agrégation. Tout était prêt, mais elle se mettait « à côté ». Le mari trouve valorisant que son épouse soit agrégée. Elle est ensuite nommée dans un lycée d'enseignement général et elle dit qu'à partir de ce moment-là beaucoup de possibilités se sont offertes à elle, un cours à l'université, l'écriture d'un livre, des heures en classe préparatoire… Il est intéressant de noter qu'elle a fait, cependant, ce qu'un homme n'aurait pas fait, à savoir refuser un poste en hypokhâgne car elle n'avait pas eu un cursus classique. J'ai rencontré pour un entretien une femme qui est devenue professeur de classe préparatoire scientifique après avoir été maître de conférences à l'université, pour suivre son mari qui avait obtenu un poste à Dijon. Je lance un appel pour qu'on me présente un homme qui a pris ce type de décision...

Par ailleurs, il existe des différences de rémunération entre hommes et femmes qui viennent essentiellement des rémunérations annexes. Alain Bigard dit qu'entre 1986 et 1996 les inégalités entre enseignants et entre sexes ont progressé en raison des rémunérations annexes. La politique actuelle ou celle qui semble prévue, c'est-à-dire créer des postes à profil, différencier les carrières, les rémunérations, etc., me paraît néfaste en soi, et néfaste concernant l'égalité hommes-femmes.

En ce qui concerne les chefs d'établissement, on observe une masculinisation : alors que les femmes représentaient presque 40% d'entre eux dans les lycées en 1947, aujourd'hui elles ne représentent que 21,2% des proviseurs. Les principaux de collège sont des femmes pour seulement 25%. En revanche, 39,8% des proviseurs adjoints sont des femmes tout comme 43,4% des principaux adjoints. Il est important de souligner ici que la fonction d'adjoint est beaucoup plus domestique que celle de chef. Aujourd'hui, avec la décentralisation, le chef d'établissement a beaucoup de contacts avec l'extérieur, avec des organismes non-scolaires. Pendant que le chef n'est pas là, c'est l'adjoint qui gère la vie du collège ou du lycée.

La généralisation de la mixité à partir de 1975, en sachant que des établissements deviennent mixtes dès les années 50, fait qu'il n'y a plus de postes réservés aux femmes ; de fait, une concurrence s'instaure entre les hommes et les femmes. Mais surtout, le vivier de recrutement s'élargit. Alors que dans l'entre-deux-guerres, l'administration souhaitait que le proviseur soit un agrégé, les agrégés ne vont plus vers cette fonction qu'en nombre très restreint. L'administration doit donc faire appel à toutes les catégories, y compris les PEGC (professeurs de collège) ; il y a donc une rencontre entre les désirs de promotion des professeurs hommes les moins diplômés et les besoins de l'institution. Parallèlement, les femmes professeurs sont maintenant des femmes mariées avec enfants ; on a l'impression que l'administration, dans les années 50-60, voit davantage un homme à la tête des nouveaux et futurs lycées mixtes, parce que la situation de mère de famille est une préoccupation trop envahissante pour que les femmes puissent prendre en charge les fonctions de chef d'établissement. Autrement dit, les femmes sont encore renvoyées aux tâches pédagogiques pendant que les hommes sont bien vus pour les tâches d'encadrement.

Un concours est instauré à partir de 1988 puisqu'un statut autonome de « personnel de direction » est créé. Les jurys de concours soulignent depuis cette date que les femmes sont peu nombreuses à se présenter mais que leurs résultats sont meilleurs que ceux des hommes. Pour les femmes se pose le problème de la mobilité géographique car il faut à la fois connaître une stabilité dans le poste pendant trois ans au moins et changer de poste afin de progresser dans la carrière.

J'ai mené une enquête pour avoir des informations sur l'origine professionnelle des personnels de direction en activité autour de 1995 (rapport Fen-Ires, 1996). J'ai constaté que les femmes sont globalement plus diplômées que les hommes au sein du personnel de direction et qu'elles ont plus souvent subi une sélection « secondaire », c'est-à-dire qu'elles ont plus souvent étudié jusqu'à la maîtrise et fréquenté une classe préparatoire, alors que les hommes sont plus souvent d'anciens élèves des écoles normales primaires. Les femmes semblent donc davantage miser sur le diplôme, le grade et l'expérience d'enseignante pendant que les hommes utilisent des compétences acquises dans des activités extra-scolaires, dans les organisations satellites de l'Éducation nationale et dans les syndicats. Les femmes chefs d'établissement ont également une vie associative plus importante que les autres femmes, mais leurs collègues masculins les battent, et ils sont proportionnellement plus nombreux à avoir occupé des postes de responsables pendant que les femmes étaient de « simples » adhérentes ou militantes.

Il faut noter aussi que ces femmes sont beaucoup plus souvent célibataires ou divorcées que leurs homologues masculins. Les femmes entrent dans l'administration scolaire plutôt une fois les enfants élevés ou à la suite d'un changement de situation matrimoniale. Toutefois, on rencontre à l'heure actuelle une figure nouvelle, celle de la femme de 35 ans qui devient adjointe puis chef après avoir passé le concours, qui élève un seul enfant ;

elle est mariée avec un enseignant qui ne cherche pas à effectuer une promotion, ou avec un cadre du secteur bancaire… Dans ce dernier cas, le couple a pour objectif d'entrée de jeu de ménager les deux carrières, les conjoints acceptent, par exemple, de ne pas avoir de résidence commune pendant la semaine.

Dans l'ensemble, la carrière des femmes chefs d'établissement est moins promotionnelle que celle des hommes, au niveau de la mobilité, de la catégorie des établissements dirigés, plus ou moins prestigieux. Pourtant les administratrices mettent en avant l'épanouissement dans l'activité professionnelle plus que les hommes et elles admettent que les avantages matériels liés à la fonction les intéressent. Elles disent aussi souvent que les hommes qu'elles souhaitent « agir » et « diriger », mais seuls les hommes parlent de « management » pour définir leur rôle professionnel.

Au total, les concours, notamment internes, sont une bonne chose pour la carrière des femmes, et les procédures d'avancement et de recrutement qui font une large part à la cooptation et aux situations locales les défavorisent plutôt.

Débat

Dévalorisation d'une profession, féminisation et rémunération

Question : Peut-on établir un lien entre la féminisation de l'éducation et le niveau de rémunération par rapport aux autres catégories socioprofessionnelles ? La féminisation a-t-elle dévalorisé la profession en termes de rémunérations ?

Réponse de Marlaine Cacouault : Non, les enseignants n'ont jamais été royalement payés, c'est plutôt du côté de la considération sociale, des conditions de travail qu'il y a dégradation. Quant à la revalorisation dont on parle actuellement, il faut bien dire qu'elle a seulement profité aux plus jeunes, qui avaient 30 ans dans les années 1980 et pas du tout à ceux qui avaient été recrutés en masse dans les années 1970.

Pour en revenir à la dévalorisation, s'il y a eu dévalorisation de la profession, cela ne vient pas de la présence des femmes mais d'autres facteurs. La preuve c'est que les femmes sont souvent plus diplômées que les hommes ; celles qui avaient d'excellents résultats scolaires sont allées, dans les années 1970, vers l'enseignement alors qu'il y avait beaucoup d'emplois de cadres dans les entreprises. Ce sont les hommes, à égalité de performances scolaires et universitaires avec ces femmes, qui sont allés vers les emplois d'ingénieurs, etc. Les femmes ont plutôt contribué à maintenir un « niveau » dans l'enseignement scientifique. De plus, selon les lieux, les situations des enseignants sont très inégales.

Accès au collège et non au lycée

Question : Je voulais revenir sur comment les femmes accèdent au métier de professeur en remarquant qu'on retrouve exactement les mêmes mécanismes pour les institutrices.

Je pense que le phénomène massif de manque de collège joue beaucoup dans la stratégie des femmes, ainsi que le phénomène de proximité. Le choix du collège peut être un choix de ruralité, un choix par rapport à l'âge des enfants, à la taille des établissements.

Réponse de Marlaine Cacouault : D'un point de vue qualitatif j'ai étudié pourquoi on restait en collège sans demander le lycée. Là il faut effectivement tenir compte de tous ces facteurs.

Mixité et pénurie d'emplois

Question : On ne trouve pas le lien féminisation-dévalorisation puisqu'il y a à nouveau une reprise de la part des hommes dans ces emplois. Qu'en est-il du contexte général ? La pénurie d'emploi explique-t-elle ou non le fait que les hommes se dirigent vers ce secteur ?

Réponse de Marlaine Cacouault : Dans mes entretiens, quelques jeunes professeurs se sont reconvertis dans l'enseignement, on voit donc maintenant des hommes faire ce choix pour des raisons d'emplois, alors qu'avant c'était seulement des femmes pour des raisons familiales.

Le rôle de l'orientation scolaire des filles

Question : Quels moyens peuvent avoir les femmes enseignantes pour prendre en compte la question de l'orientation des filles dans le système scolaire ?

Réponse de Marlaine Cacouault : Aujourd'hui, on charge l'école de tout résoudre. Ces problèmes devraient être abordés dans le cours, mais c'est difficile, une fois qu'on est en conseil de classe, il y a les vœux des élèves et des parents, on ne peut pas aller contre. Ensuite, il y a le problème des places dans l'enseignement professionnel. Il faut effectivement sensibiliser les enseignants le plus possible, des actions sont menées dans ce sens dans les IUFM.

Se borner à encourager les filles à aller dans les filières dites masculines, c'est insuffisant et cela peut créer des malentendus, il faut aussi et surtout encourager les garçons à aller vers des filières dites féminines, et notamment l'enseignement. Mais comme les maths et la physique mènent aux positions de pouvoir, on retombe tout le temps sur le même problème (80% de femmes dans l'enseignement primaire, 86% de femmes dans les études de langues).

Dans l'Éducation nationale, on va à l'encontre de ce qu'il faudrait faire. On parle de supprimer les mathématiques en A alors qu'il n'y a plus que des filles, c'est l'aberration la plus grande. Ce qui avait revalorisé et rééquilibré les classes de A c'était justement qu'on pouvait aussi y faire des mathématiques. Beaucoup de garçons fuient ces classes parce qu'elles ne reçoivent que des filles.

Les dangers d'un enseignement trop féminisé

Question : On voit que des constats sur des stocks et des flux, dégagent des tendances qui ne vont pas toujours spontanément vers plus d'égalité. Les conceptions qui semblent se dessiner comme objectifs y compris pour notre organisation syndicale où l'on parle de plus en plus de parité, bouleversent beaucoup de choses par rapport à l'investissement dans les enfants ou dans le travail. Je ne suis pas persuadé que ce soit une bonne chose pour les enfants qu'il y ait 80 % de femmes chez les instituteurs.

Il y a aussi l'autre exemple des femmes rentrant dans les commissariats qui y ont changé pas mal de comportements par rapport à l'accueil des femmes battues, etc.

Réponse de Marlaine Cacouault : Il n'y a pas de volonté de réintroduire les hommes dans le primaire, au contraire, par exemple avec le grand battage qui a été fait sur la pédophilie. Cela ne fait que conforter l'idée que ce sont les femmes qui doivent s'occuper des enfants.

Sixième séance, 18 mars 1999

Les compétences domestiques dans la sphère professionnelle : l'exemple de l'aide à domicile

Brigitte Croff *

Micheline Mauduit **

J'ai créé un cabinet conseil « Brigitte Croff Conseil » portant exclusivement sur le travail à domicile et les services aux personnes. On a créé aussi un centre de formation tous niveaux (chômeuses de longue durée, aides ménagères...) et une formation de directeur de services aux personnes. Cette formation s'est créée à la suite de la loi de janvier 1996 qui ouvre le secteur sanitaire et social de l'aide à domicile au secteur marchand.

L'ouverture de ces services au marché fait que les grands groupes arrivent sur ce marché, et le Medef (ex-CNPF) a créé un syndicat d'entreprises de services à la personne (Sesp) en 1996 ; il se vante actuellement d'avoir pu négocier une loi avec le ministère de l'Emploi, sans entreprise encore, mais les grands groupes ont adhéré au SESP (Lyonnaise des eaux, La Générale des eaux, Accor, Sodexho) qui vont émettre du titre emploi-service comme ils émettent des tickets res-

* *Consultante, expert.*

** *Directrice de formation au cabinet de Brigitte Croff.*

taurant. Les CE pourront acheter ces titres, exonérés de charges patronales à hauteur de 12 000 francs par an et par salarié. C'est sur cette question de la mutation et de l'entrée du secteur marchand sur ces affaires-là que nous nous sommes positionnés sur ce secteur pour essayer de poser les vrais problèmes et d'essayer de limiter l'augmentation de la précarité, la société duale, etc.

On est tout à fait seul sur ces affaires, les syndicats n'ont pas suivi, par exemple ; il y a des représentations tout à fait fausses de ces emplois et de leurs enjeux.

I. Historique et démarche du cabinet

Brigitte Croff

En 1983, j'ai créé une association d'aide à domicile. A ce moment-là, le mouvement féministe était en perte de vitesse, et je m'interrogeais beaucoup sur la façon dont le travail domestique n'avait pas été suffisamment travaillé dans les groupes femmes. De plus, ma formation (infirmière psychiatrique, psychologue, philosophe) m'a poussé à m'interroger sur la désinstitutionnalisation. Quelles réponses apporter pour que ce soit vivable pour des professionnels de travailler au domicile de personnes handicapées, et de malades ?

J'ai décidé de mettre en place cette association mais par l'entrée « travail, condition féminine, travail domestique ». Que faut-il construire professionnellement pour socialiser ce travail ?

Massivement, la demande est venue de personnes âgées. Je suis alors partie en formation continue pour me former à la gérontologie, et on a commencé à travailler. Toutes les personnes devaient être adhérentes de l'association car la question centrale était que les femmes devaient réfléchir sur ce qu'elles mettaient en jeu dans ce travail et comment elles allaient évoluer dans leurs trajectoires professionnelles. Tout le monde venait deux fois deux heures par mois parler du travail.

Comme ces femmes nous versaient des cotisations de cent ou deux cents francs par mois, un jour, sur dénonciation, l'inspection du travail est intervenue en disant que l'on faisait du placement payant. Il a fallu faire toute une restructuration de l'association, regarder les conventions collectives, etc. Cette histoire a duré dix ans, et à la fin, en 1993, il y avait 200 personnes qui travaillaient avec nous, dont 180 en équivalent plein temps (ce dont nous sommes fières). En contrepartie des bas salaires, on faisait travailler les femmes exactement dans les horaires qu'elles voulaient. Et encore on était déjà à cinq francs de plus de l'heure que la convention collective. Il y avait dix personnes qui encadraient l'activité (du coté des familles ou des recrutements).

Au fur et à mesure, on établissait non pas seulement des contrats de travail mais on définissait aussi la mission dans le détail, on en parlait avec les familles, on entrait dans le détail du « qui doit faire quoi ». On passait les actes de travail à la loupe (temps de lavage du linge selon l'équipement de la famille, la taille, la présence de bébé…). A force, on a disposé d'un outillage important. Ce travail d'analyse nous a montré qu'il y avait un espoir de socialisation de ces emplois. On a vu comment les femmes arrivaient petit à petit à évaluer leurs actes de travail, à négocier avec les familles, et commençaient à donner du sens à leur activité et à ne plus se vivre comme des exécutantes.

En 1991 il y a eu les mesures de Martine Aubry sur les emplois familiaux pour les publics en difficultés. Il a alors fallu demander comment l'externalisation des tâches domestiques peut se mettre en œuvre dans le cadre même de la sphère domestique et familiale. Il faut bien déléguer, il faut que les femmes puissent « s'extérioriser » de ces tâches. Certains travaux (comme ceux de Jean-Paul Kauffman) montrent en quoi l'attachement des femmes à ces activités reflète leur façon de garder le pouvoir à la maison. Il va bien falloir dépasser les freins culturels de ce type. L'entrée « travail » permet de rendre ces tâches lisibles et d'en donner conscience aux familles qui vont alors pouvoir déléguer, car elles identifient alors tout ce qu'elles font à la maison comme actes professionnels, comme compétences.

L'externalisation permet à des savoir-faire professionnels de se mettre en place sans mettre en concurrence les façons de faire des familles (des femmes). Par exemple sur la garde d'enfants, il y a un vrai travail qui se fait sur la culpabilité des mères qui laissent leur enfant à une autre. L'énoncé des tâches à faire permet d'éviter les concurrences et les culpabilités.

En dix ans, 30% des personnes qui travaillaient avec nous étaient encore là et 70% étaient partis. Pour environ 20% d'entre elles, elles sont parties car elles ont vraiment trouvé que c'était dur et humiliant. Pour d'autres, cela leur a servi à évoluer professionnellement soit dans les métiers sanitaires et sociaux, soit par la reprise d'études grâce à l'aménagement du temps de travail qu'on réussissait à faire, il y a aussi quelques « artistes » qui font cela pour « boucher les trous » et ne prennent pas cela comme des humiliations.

Nous sommes opposés à la vision d'André Gorz qui dit que les emplois nobles sont dans l'industrie et que ces emplois sont des emplois serviles, avec un appauvrissement des compétences professionnelles et une perte de sens.

Justement, pour nous, il n'y a pas appauvrissement des compétences, à condition que l'on soit capable de valoriser tout cela.

J'ai démissionné de l'association en 1993 sur une position politique. Si notre expérience a été utilisée pour mettre en avant le fait qu'il y avait bien un gisement d'emploi dans ce secteur (notamment dans le rapport Seguin) personne n'a remarqué le travail de suivi, d'éducation des salarié(e)s et des familles qui permettait la désaliénation, la reconnaissance de ces tâches en tant que compétences professionnelles, et qui faisaient que souvent, les familles acceptaient volontiers de payer davantage ces services car elles avaient conscience de leurs qualités.

Il m'a paru alors très important d'aller travailler ces questions au niveau de la formation. Donc en tant que consultante, j'ai pu écrire tout cela, formaliser ces dix ans d'expériences.

Tout d'abord, j'ai essayé de trouver un financement pour mettre en place une formation de directeur de services aux personnes, qui disait bien que la question essentielle c'est le management et comment il faut structurer les entreprises (associations ou SARL par la loi de janvier 1996) pour garantir la qualité du service au client, en insistant sur le fait que cette qualité démarre d'abord sur les conditions de travail des personnes qui travaillent.

On est allé chercher des financements auprès du FSE (Fonds social européen) sur l'objectif 4, « Mutations industrielles ». Il fallait monter le niveau de formation en montrant que des compétences du milieu industriel peuvent servir au secteur associatif pour organiser le travail.

On a obtenu un financement de trois millions de francs qui nous a permis de mettre en place la formation qui est en cours. On est associé à l'Agefos-PME car la loi de janvier 1996 lui donne la gestion des fonds de formation continue sur les emplois familiaux. Par opposition au modèle industriel, au Médef, on dit que soit la petite entreprise, soit l'association est adaptée pour mener un travail comme celui-là et répondre au besoin des gens.

On s'est mis aussi dans une démarche d'homologation de titres niveau 2. Si on arrive à faire reconnaître ce titre, cela fera repenser la question d'une véritable filière professionnelle sur ces emplois-là.

De plus, on a rencontré un outil qui nous a permis de formaliser tout cela, un outil pédagogique québécois qui s'appelle « Nos compétences fortes ». Ces chercheurs sont allés identifier toutes les compétences que les gens avaient acquises dans la vie quotidienne (hommes ou femmes) et dans les activités bénévoles. Ils ont alors identifié treize compétences génériques et ont montré comment ces compétences pouvaient se transférer sur le marché du travail dans n'importe quel type d'entreprise.

Cet outil nous a permis de clarifier notre approche. Mais ici, il s'agissait d'apprendre à transférer ces compétences du domicile à des situations professionnelles toujours à domicile : il ne faut pas faire comme on fait chez soi, pour ne pas entrer en concurrence avec les familles.

Même pour le domicile, ce n'est pas transférable à l'identique. On a investi le matériel québécois pour travailler sur la transférabilité des activités qui paraissaient être simples à faire. Qu'en est-il de cette externalisation des tâches domestiques à l'intérieur de la maison ? Comment ce travail permet-il à une professionnelle, d'entrée de jeu, de savoir prendre une place professionnelle et pas une place affective ? Afin de répondre à ces questions, on peut observer une expérience menée à la mairie de Saint-Denis.

II. L'expérience de la mairie de Saint-Denis

Micheline Mauduit

Je suis directrice de la formation dans le cabinet de conseil de Brigitte Croff. Nous montons des groupes de formation d'une quinzaine de femmes ou jeunes femmes pour les préparer à travailler à domicile (quelques rares hommes parfois y participent). On fait aussi de la formation continue pour approfondir certains points.

Au départ, il y a eu une demande de la mairie de Saint-Denis, à la suite d'une étude, pour identifier les services non couverts par les structures municipales auprès des retraités des foyers. L'étude avait identifié des besoins en matière de déplacements dans la ville, de coiffure, de règlement de papiers administratifs, de loisirs. L'idée était de créer des emplois pour couvrir ces besoins. Ils ont fait appel à Brigitte Croff pour voir quels types d'emplois créer. Nous avons répondu que peut-être le premier travail à faire n'était pas d'aller voir vers de nouveaux emplois, mais de partir du personnel existant au service

« retraités », en cherchant tout d'abord du coté du temps de travail de ces femmes, qui n'étaient pas toutes à temps plein, alors qu'elles le souhaitaient peut-être, et ensuite en examinant ce qu'elles faisaient déjà dans leur travail, le valoriser, et voir quelles ressources personnelles elles pouvaient utiliser pour répondre à ces besoins non couverts. On a donc travaillé avec les aides à domicile et le personnel des quatre foyers logement qui sont rattachés à la mairie.

J'ai proposé de partir de ce qu'elles font chez elles. On a eu une première rencontre pour leur expliquer la démarche, avec la responsable. Ensuite, lors de la séance (en l'absence de la responsable), il y a eu des levées de boucliers disant « on n'est pas d'accord, pourquoi venez-vous fouiller dans notre vie personnelle... ». Tout ceci est remonté jusqu'aux syndicats, aux élus, etc.

Il a fallu recommencer à expliquer, pour pouvoir s'engager, pour dire qu'il n'y avait pas de piège. Mon engagement auprès des femmes était de respecter leurs volontés, la confidentialité. On a pu enfin se mettre au travail.

A partir du travail qu'elles ont rapporté sur ce qu'elles faisaient chez elles, elles ont été surprises de voir comment on a pu identifier des compétences. Elles ne s'étaient jamais rendu compte que leur travail avaient une valeur, elles se sont « redressées ».

Il y a eu une dynamique qui s'est créée dans les six groupes. Elles ont découvert que dans ce qu'elles considéraient comme banal, il y avaient une valeur, et qu'il y avait des compétences qu'elles utilisaient en situation de travail. Elles ont vu aussi que les besoins non couverts identifiés par l'étude, elles les couvraient, mais en silence. Comme c'était hors du cadre du travail, elles n'en parlaient pas (par exemple, elles reviennent le week-end voir les gens, elles téléphonent de chez elles pour savoir comment va la vieille dame, elles font des courses en plus, etc.).

En fait, tous les besoins non identifiés sont pris en charge de façon obscure, non officielle, par les aides à domicile. On a bien vu comment elles transféraient ce qu'elles prenaient en main dans leur vie personnelle difficile, en situations de travail, toujours dans une grande solitude.

On a mis au jour, pour chacune, toutes les compétences personnelles, et on a repéré ce qui leur faisait plaisir. « Qu'est-ce que j'aime faire chez moi et qu'est-ce que je pourrais faire chez la vieille dame qui pourrait me rassurer moi et me faire plaisir, ce qui allégerait mon travail ? »

J'ai réalisé un rapport collectif de ces compétences et des problèmes rencontrés, et il y a eu une restitution auprès des responsables de secteurs. De dire la valeur du travail des aides à domicile les a renvoyées à leur propre valeur, et leur a montré tout simplement la valeur de ces femmes et de tout ce qu'elles mettaient en œuvre. C'est banal mais ce n'est jamais dit.

A la suite de cela, les responsables de secteurs ont été demandeuses, elles, pour faire un travail sur leurs propres compétences. Il y a eu d'autres liens qui se sont créés entres les responsables et les aides à domicile.

Ce sont les aides a domicile qui ont dit alors : « Les besoins non-couverts ne sont pas ceux identifiés par la première étude, ce sont d'autres besoins sur lesquels on veut travailler. Par exemple, il faut que le service aille jusqu'à 20 heures au lieu de 17 heures et ne s'arrête pas le vendredi soir, mais couvre 7 jours sur 7 ».

Elles ont pris en main leur travail, et les élus ont dit d'accord. On a créé un groupe de travail avec les volontaires à la réflexion (vingt-deux aides à domicile). Avec les responsables de secteurs on a aussi mené une étude sur leur fichier de retraités et on a regardé comment elles analysaient les demandes.

L'expérimentation doit démarrer bientôt, la mairie va financer le coût.

Ce travail sur les compétences domestiques chez soi, leur identification et leur valorisation a permis un changement radical dans les rapports de travail, les aides à domicile s'expriment, discutent, etc. Du coté des responsables de secteurs, ce travail est en cours (intégration des compétences personnelles dans le cadre du travail).

Présentation de l'outil « Nos compétences fortes »

Nos compétences fortes (NCF [3]) est un outil québécois destiné aux milieux professionnels (organismes de formation, entreprises, syndicats) afin de développer une analyse des compétences en partant de la reconnaissance des compétences déjà possédées par les salariés. Dans cette méthode, il nous paraît important de retenir la démarche consistant à repérer les compétences dites génériques, c'est-à-dire des « qualités personnelles » qui

(3) Institut canadien d'éducation des adultes, Cahiers d'accompagnement des outils « Nos compétences fortes », 1998.

ne font pas forcément l'objet d'une reconnaissance formelle (à la différence des compétences techniques, des capacités d'analyse des situations...) et qui pourtant sont mobilisées dans l'action professionnelle.

Ces compétences génériques sont définies dans cette démarche de la façon suivante : « Une compétence générique se développe et se transfère dans l'action. Elle est le résultat d'apprentissages réalisés dans l'action et peut se transférer d'une expérience à une autre, d'une situation de travail à une autre. (…)

Elles sont utiles dans tous les milieux ; maison, emploi, école… »

Cette démarche permet de repérer treize compétences génériques :

- confiance en soi ;
- débrouillardise ;
- esprit d'équipe ;
- facilité à entrer en relation avec les gens ;
- facilité à faire des tâches répétitives ;
- facilité à travailler sous pression ;
- facilité d'adaptation ;
- minutie ;
- persévérance ;
- sens de l'observation ;
- sens de l'organisation ;
- sens des responsabilités.

La reconnaissance des compétences génériques intervient dans trois situations : la reconnaissance de ses propres compétences génériques, celles de ses collègues et celles utilisées dans des situations de travail spécifiques.

L'inventaire des compétences collectives des aides à domicile

Cette démarche, « Nos compétences fortes », a donc été intégrée par Brigitte Croff Conseil dans plusieurs programmes de formation des aides à domicile. L'expérience initiale concerne les aides à domicile de la mairie de Saint-Denis dans l'objectif d'identifier et de mobiliser leurs compétences, lors d'une action de formation de ce personnel. Après une période de tension, ce personnel a réussi à prendre la parole autour de ses compétences et à élaborer un inventaire, ci-dessous résumé.

1. Les compétences acquises en expériences de travail

– **L'autonomie dans le travail**. Ce personnel se trouve seul à intervenir dans ces familles et doit donc prendre les initiatives adaptées à chaque contexte, pour répondre aux besoins des usagers et trouver des solutions face à une demande qui dépasse la mission initiale. Par exemple : – en allant se documenter sur les maladies rencontrées ; – en mettant en place un mode de communication adapté (sourd, étrangers...).

– De l'intervention des personnes concernées, se dégage l'idée d'ingéniosité, de créativité et d'un sentiment de liberté d'autant plus fort que ce personnel est souvent très expérimenté.

– **L'aptitude à travailler avec un projet.** L'objectif souvent poursuivi, énoncé ou pas, est de trouver, pour chaque personne aidée ce qui peut être apporté, en respectant ce que cette personne peut elle-même réaliser, compte tenu des contraintes de budget et du faible nombre d'heures d'intervention. Il s'agit donc avec tact et souplesse de ne se substituer ni aux personnes directement concernées ni à l'entourage.

– **La persévérance.** Même dans des situations difficiles, ce personnel ne renonce pas à son objectif en recherchant de nouvelles solutions et en repensant sa propre attitude.

– **L'aptitude à s'adapter aux situations.** Les salariés changent fréquemment de maisons, dans des milieux culturels, sociaux très différents (culture juive, maghrébine, chrétienne...).

– **L'aptitude à écouter la personne et à se faire écouter.** Au-delà des tâches matérielles, un énorme travail de soutien moral, de mise en confiance de la personne aidée, de conseil, d'arbitrage, mais parfois aussi d'autorité. Ce travail d'écoute est lourd pour ces salarié(e)s qui sont dépositaires des confidences et des angoisses des usagers.

– **L'aptitude à s'occuper physiquement des personnes dépendantes.** Préparation de médicaments, aide à la toilette, stimuler la personne, lui redonner de l'assurance...

– **La capacité à travailler en équipe.** Du fait de leur isolement même les personnes travaillant à domicile, doivent développer des échanges avec les usagers et leur entourage et assouplir leurs pratiques domestiques en fonction de chaque cas.

– **La confiance en soi.** Capacité à rassurer les autres, à décider seul et vite.

– **La capacité à travailler sous pression.** Supporter

les plaintes et les manies de plusieurs personnes dans une même journée...

Au total, deux compétences transversales ont été relevées : le sens de l'organisation et de l'observation.

En plus de ces compétences, le travail en groupe autour des compétences fortes a permis de souligner l'existence de compétences liées à leur propre vie quotidienne et mobilisées dans leur travail.

2. Les activités développées par les salariées chez elles, en extra-professionnel

– travail de réfection d'un appartement (peinture, papiers peints, réfection de fauteuil...) ;
– couture, broderie ;
– cuisine, notion de diététique ;
– esthétique (coiffure, maquillage...) ;
– démarches administratives ;
– activités d'éveil auprès des enfants ;
– loisirs (lecture pour elles ou leurs proches, promenade, jardinage...).

Cette étude a donc eu le mérite de mettre en confiance ce personnel tout en contribuant à une meilleure compréhension de ces métiers.

Débat

La formation de directeur de services aux personnes

Brigitte Croff : On est allé chercher le financement du côté du monde industriel mais lors de la première expérimentation, on n'a eu personne de l'industrie, on n'a eu que des personnes du social. L'arrivée du secteur marchand dans le domaine fait tellement peur au secteur social qu'ils se disent qu'il faut qu'ils s'approprient des compétences pour passer la mutation.

Le premier module a porté sur les compétences fortes. On travaille aussi pour rendre visible tout ce à quoi il n'ont jamais pensé à propos des aides à domicile, tout ce qu'ils n'ont pas analysé en tant que travail.

Le deuxième module concerne le projet d'entreprise (trois jours) et le troisième, pendant sept mois fournit les apports théoriques nécessaires. Notamment on parle de la loi de janvier 1996 qui exige que toutes les structures aient une demande d'agrément pour pouvoir exister. C'est instruit par les directions de l'emploi. Les inspecteurs du travail vont s'en mêler. On travaille sur la mise en place de procédures qualité, sur la question du temps de travail. On a travaillé sur la souffrance mentale au travail, sur l'économique, sur le titre emploi-service...

On les amène à comprendre ce qu'ils doivent prendre en compte pour arriver à une qualité de prestations tout en évitant la précarité, le temps partiel. Il y a une prise de conscience de la situation des femmes même si on ne met pas cela en slogan.

Depuis le mois de septembre, on est sur l'analyse des situations de travail et des pratiques de travail. Que faut-il mettre en place pour la production d'un service de qualité ? Du coté du client, on étudie l'analyse de la demande, la visite à domicile ; on a un appartement pédagogique avec deux comédiens à plein temps qui jouent les « vieux », le papa, la maman, le célibataire, etc. En général les directeurs ne savent pas évaluer. Il faut leur apprendre la visite à domicile, qui doit prendre en compte tous les détails concernant le domicile, etc. Il faut leur apprendre ensuite, après le diagnostic, comment on construit le contrat de travail, comment on définit une mission de travail, comment on va recruter la « bonne » personne, et enfin comment on organise le suivi.

Enfin, on abordera le développement durable des services, et pour finir, on les accompagnera jusqu'au bout d'un processus aboutissant à des changements dans leur entreprise pour pouvoir faire face aux conséquences de la loi de janvier 1996.

Le niveau d'études des futurs directeurs en stage

En ce moment ce sont des baccalauréat + 2 qu'on amènerait à baccalauréat + 4. Là c'est déjà un scandale pour les branches professionnelles de l'aide à domicile qui pensent que le niveau devrait être de baccalauréat + 2.

C'est un domaine tellement difficile que plus les intervenants seront formés et informés (usagers et professionnels) plus il y aura de possibilités pour que l'État ne continue pas à faire tout le cassage qu'il est en train de faire depuis quelques années sur la profession sociale et ces métiers, qui de toutes façons ne sont pas en train de se professionnaliser. Il y a tout un discours de la part du ministère de l'Emploi, mais quand même, toutes ces personnes travaillent sous l'égide de la convention collective des employés de maison.

Nature de la convention collective

La loi fait bénéficier les personnes de plus de 70 ans de déductions fiscales s'ils sont employeurs directs, donc ils sont sortis des services d'aide ménagère classique. Donc, tous ceux qui ont plus de 70 ans et plus de 8 000 francs de ressources mensuelles sont passés sur le mode mandataire en gré à gré (50 francs de l'heure au lieu de 90 francs), et du coup, les mêmes femmes se sont retrouvées sous l'égide de la convention employés de maison. Depuis cinq ans, il y a deux fois plus d'heures de travail à domicile gérées sur le mode mandataire que sur le mode prestataire (avec la convention collective du travail social). Pour la convention des employés de maison, tout ce qui n'est pas ménage, courses, cuisine, n'est pas considéré comme du travail effectif mais comme des heures de travail responsable (si le bébé fait la sieste, si vous discutez avec la personne âgée, etc.), autorisées à être payées 70 % du Smic ! Si vous faites une nuit chez quelqu'un, si c'est une nuit « facile », elle peut être payée 30 francs.

Il y a un besoin énorme d'étude juridique sur ce plan là, mais nous, cela fait trois ans qu'on se bat et on n'a toujours pas trouvé de financement. Il y a un gros travail à faire sur ce lieu de travail qui est le lieu privé car on ne peut pas penser comme dans une entreprise. Le Medef vient de terminer la mise en place d'un label qualité.

La professionnalisation

Question : Avez-vous travaillé sur la création de formations homologuées, sur l'aspect professionnalisation, contenu pédagogique et validation, certification, quelque chose qui codifie, particulièrement l'emploi des femmes ?

Réponse de Brigitte Croff : On y travaille. Un diplôme est sorti du Conseil supérieur du travail social en 1989, le certificat d'aptitude aux fonctions d'aide à domicile (Cafad). Le Cafad s'inscrit dans la convention collective qui regroupe les aides ménagères et les travailleuses familiales, et il n'y a pas de décloisonnement des Caisses. Une femme qui a son Cafad et qui travaille dans un service de retraités n'aura que des clients de plus de 60 ans, elle a beau être polyvalente et avoir son Cafad, elle ne peut avoir des clients handicapés ou autres. Les mesures Aubry sur les emplois familiaux ont inscrit la polyvalence au niveau des conventions collectives des employés de maison. On a de plus en plus de personnes qui ont le Cafad, qui sont payées en emploi direct par un employeur, et qui peuvent évidemment tout faire, du sol au plafond, de la grand-mère au nouveau-né. On est dans le risque où la polyvalence est exécutée sans reconnaissance et cela dit bien l'importance d'une structuration et d'une organisation du travail. Si une personne veut bien s'occuper de la famille, du ménage et des enfants, d'accord si elle le veut, mais il faut alors négocier avec la famille un coût qui sera plus élevé.

Débat sur les compétences et l'organisation du travail

Question : Pour nous, à l'Ugict, on est à un carrefour de culture. On met en doute, on critique les nouvelles orientations patronales qui parlent de compétences, de savoir-être, or là, il se révèle que les compétences, les savoir-être sont « objectivables » et font partie de ce que nous appelons la qualification. On a encore la « magie » des métallurgistes derrière nous. On a donc à se remettre en question, à comprendre quelque chose là dedans.

Réponse de Brigitte Croff : Ce qui est ressorti de notre expérience, ce sont les compétences en organisations, on n'est pas vraiment sur les qualités morales. Les compétences qui sont ressorties sont principalement : autonomie, responsabilité et initiative dans le travail, aptitude à travailler avec un projet pour les personnes, aptitude à s'adapter aux situations, aptitude à écouter et à se faire écouter.

Question : On a fait une journée sur le temps de travail des femmes cadres, ingénieurs, techniciennes, avec cette idée du transfert des compétences domestiques dans la sphère professionnelle. Après vous avoir écouté, je suis toujours autant dans le flou. Je trouve que ce qui est dit sur l'identification des savoir-faire, des compétences, c'est-à-dire de mettre des mots sur le travail, de formuler, est intéressant particulièrement pour les femmes qui n'ont justement pas l'habitude de mettre en valeur ce qu'elles savent faire. L'Ugict en ce moment travaille sur la validation des acquis professionnels, et notre discussion renforce mon idée que c'est très important de travailler là-dessus. On a mis en place un groupe de travail sur les modalités de la validation des acquis professionnels, sur les critères, sur qui va être maître-d'œuvre, sur la façon dont les salariés doivent être associés. Quand on sait la difficulté qu'on a de parler de son travail, en particulier pour les femmes, je me pose la question de savoir comment on va le faire.

Là où je vous suis complètement c'est qu'en parlant de son travail, en l'identifiant, on le valorise, et cela peut être une espèce de contrepartie à la précarité, à la pénibilité du travail. En même temps, sur Saint-Denis, vous dites qu'elles ont vu leur travail reconnu, mais hormis l'argent !

Réponse de Brigitte Croff : Sur la question de l'argent, elles ont tout de même obtenu que les jours fériés soient rémunérés 100% de plus (au lieu de 50%). Elles ont négocié cela très bien.

– Sur la valorisation des compétences, ce n'est pas encore fait, mais il y a des choses qui sont en train de bouger et ce travail de valorisation va leur permettre d'amener leurs revendications à partir de là. Elles étaient déjà revendicatives mais elles manquaient d'arguments. Sur ce plan, les syndicats n'ont pas fait ce qu'ils avaient à faire : la CGT ne s'est pas impliquée et la CFDT a signé la convention collective des employés de maison.

Pendant des années on s'est demandé comment cela se fait que ces femmes-là ne se bagarrent pas.

– Comment organise-t-on le travail ? On sait bien que, dans certains cas (démence par exemple), la souffrance au travail est très forte. Donc, si la personne demande huit heures, le directeur du service doit imposer quatre heures à deux femmes différentes, même si les salariées préfèrent être huit heures dans la même famille. Mais nous on sait que c'est trop dur, que la fille va disjoncter, qu'il va y avoir de la maltraitance, etc. La salariée, elle, ne pense pas à cela, mais pour nous cela relève des règles d'hygiène et de sécurité. Pour les maladies d'Elseimer lorsque le médecin a prescrit qu'il fallait toujours la même personne 24 heures sur 24, il nous faut tout notre professionnalisme pour démontrer à la famille que ce n'est pas possible, et on le démontre par le biais de l'organisation du travail.

Arrêtons les formations de bas niveau, qui laissent ensuite les personnes isolées dans des situations de travail qu'elles ne pourront pas gérer, et qui laissent les familles démunies devant une fonction d'employeurs qu'elles ne peuvent pas assurer. Il faut bien un nouveau mode d'organisation et l'entreprise qui va avec (ou l'association).

Un travail comme celui qui est fait à Saint-Denis va faire bouger du côté des salariées, des revendications qu'elles vont pouvoir maintenant formuler autrement, mais surtout cela leur a fait comprendre et découvrir tous les enjeux, les conventions collectives qui existent, la loi de janvier 1996… Car le Cafad, il vous apprend à faire le ménage, tout ce que vous savez déjà faire ; mais moi, pour les bas niveaux, je commence par leur apprendre la paye, ce que c'est qu'une paye, pendant trois jours ! Comme tout ce travail d'alphabétisation n'est pas fait, il y a une inculture politique et sociale étonnante. Elles sont gentilles avec les vieux, elles sont gentilles avec les enfants, et quand elles sont méchantes, elles ne sont pas revendicatives, elles claquent la porte mais ne vont jamais négocier un préavis, tout se passe dans l'affectif.

Flexibilité des horaires de travail

Question : Les besoins que je peux avoir moi, c'est une ou deux fois par mois, une heure de temps en temps, quelqu'un qui vient faire du ménage ou garder mon enfant s'il est malade, lorsque c'est imprévu, que l'on n'a pas le temps d'expliquer, comment faire dans ce cas ?

Vous voulez offrir à la fois un service de qualité aux familles et en même temps des conditions de travail acceptables aux employées. Il y a des contradictions, par exemple, dans l'exemple de Saint-Denis, l'extension des heures de travail aux soirées et aux week-ends, est-ce que c'est un modèle souhaitable pour tous les salariés, et comment trouver le personnel pour les horaires les plus ingrats sans aller vers la précarité ?

Réponse de Brigitte Croff : Le management c'est cela, vous faite des patchworks à longueur de journée. Il faut rentrer complètement dans les besoins du client, tout en organisant le travail derrière pour que cela ne soit pas la salariée qui trinque. Dans une entreprise de cent salariés, il y a deux personnes à plein temps qui ne s'occupent que du planning toute la journée. La plupart des entreprises ne veulent pas s'embêter avec cela, le service est ouvert du lundi 8 heures au vendredi 18 heures et point final !

De plus, au recrutement, on demande tout d'abord, les horaires souhaités. Le fait de travailler chez les gens, sans avoir un chef sur le dos, cela attire les candidats, il y a une autonomie, voire parfois une autorité.

Il faut faire un fichier pour arriver à trouver les gens qui vont travailler exactement dans les heures qu'ils ont souhaitées. En face, il y a les demandes des familles, c'est un jonglage permanent. Si on considère les trajectoires professionnelles, certaines veulent les nuits au bout d'un moment car elles ont trouvé une formation par exemple. Nous sommes un tremplin. Dans une entreprise, il doit y avoir une personne qui suit tous les six mois pour voir ce qui est acquis en compétences de travail et ce vers quoi on veut évoluer. On est sur un modèle d'organisation construit sur dix ans d'expérience. De toutes façons, sur la question de la dépendance, on ne pourra pas poser la question de la conciliation vie professionnelle et vie familiale tout en restant sur les horaires de travail classiques.

Réponse de Micheline Mauduit : Sur Saint-Denis, ce sont seulement les volontaires qui vont aller sur ces horaires-là, c'est un engagement des élus de ne pas les généraliser à tout le monde. S'il y a trop de demandes sur ces horaires, on embauchera.

Septième séance, 15 avril 1999

Les femmes et le temps de travail

Rachel Silvera *

Cette intervention se propose de repérer les conséquences en termes d'inégalités hommes-femmes d'expériences menées en France, dans des entreprises ayant procédé à des réductions et/ou des aménagements du temps de travail [(4)]. Elle est fondée sur certains résultats d'une étude plus large, intitulée : « Partage du travail et modes de vie des salariés – Une comparaison France-Suéde » [(5)].

J'aimerais tout d'abord revenir sur un rendez-vous « manqué » en apparence entre femmes et politiques du temps de travail, puisque ces politiques se veulent « neutres » *a priori*, tout au moins en termes de politique affichée, et ne parlent pas explicitement du genre.

Dans un second temps, je ferai part de certaines expériences d'entreprises pour illustrer mon propos autour de

* *Économiste, maître de conférences à l'université de Paris X.*

(4) Un échantillon d'entreprises très diversifiées en termes d'activité, de taille, de modalité de réduction du temps de travail... a été retenu. Ces monographies d'entreprises se sont réalisées auprès des directions, des syndicats mais aussi des salariés. Au total, près de 150 salariés ont été rencontrés dans huit établissements français.

(5) Cette recherche a été réalisée en France et en Suède par D. Anxo, J.-Y. Boulin, M. Lallement, G. Lefevre et R. Silvera pour la Dares. Trois laboratoires ont été associés (CELMS - Suède, IRIS-TS et Set-Metis).

deux oppositions ; l'individuel et le collectif, d'une part ; le temps contraint et le temps choisi, d'autre part.

I. Femmes et politiques du temps de travail : un rendez-vous manqué ?

Il s'agit de montrer à quel point les différenciations sexuées sur le marché du travail influencent les modalités et les conséquences à attendre d'une politique de partage du travail. Or, dans la plupart des politiques du temps de travail, cette dimension est occultée ou biaisée.

Deux attitudes se dégagent sur ce plan.

A – D'un côté, on semble ignorer que certaines mesures de réduction du temps de travail – notamment individuelles, comme le temps partiel – sont loin d'être proposées à tous les salariés, de façon « neutre ». Or, le temps partiel connaît un développement sans précédent ces dernières années en France, avec un taux de croissance parmi les plus rapides d'Europe (en 1980, 1,5 million d'emplois à temps partiel... 3,5 millions en 1996 soit 17% des emplois, dont 30% de l'emploi féminin et 5% pour les hommes, 85% du temps partiel occupé par des femmes).

Le temps partiel n'est pas une tradition en France (on partait de niveaux assez faibles) et il est bon de rappeler, qu'à la différence de certains pays du Nord de l'Europe, la croissance de l'activité féminine française s'est faite à temps plein, sans discontinuité depuis les années 1970 ce qui est une exception, avec l'ex-RDA ; les pays, comme le Danemark, où l'activité féminine est élevée à tout âge (notamment de 25 à 49 ans), ont connu un tel développement grâce au temps partiel. De plus, à la différence de ces pays, le temps partiel est plus fortement féminisé en France.

Le développement récent du temps partiel en France ne

peut donc pas s'analyser à partir du seul comportement d'activité des salariés et d'une présumée demande pour cette forme d'emploi – même si un tel principe existe, nous y reviendrons. C'est avant tout le reflet de la politique du temps de travail qui a incité – sous forme d'exonérations parafiscales [6] – les entreprises à créer ou à développer des postes à temps partiel – parfois dans de nouveaux secteurs d'activité et même pour de nouvelles catégories de salariés – mais surtout en renforçant une pratique déjà présente dans des secteurs bien précis, pour des catégories de salariés bien ciblées comme les vendeuses et les caissières, puisque le taux de temps partiel dans ce type d'activité devient désormais la norme (51% des caissier(e)s sont à temps partiel, 76% des femmes de ménages).

B – D'un autre côté, les débats traditionnels sur l'aménagement des horaires intègrent parfois la dimension sexuée, mais dans une seule perspective : la présumée meilleure conciliation entre vie familiale et professionnelle pour les salariés de sexe féminin justifie aux yeux de ses initiateurs que le temps partiel soit le fait exclusif des femmes. Nous l'avons déjà observé dans différentes séances de ce séminaire, qui dit temps partiel pense femmes, pour diverses raisons, notamment en référence à leur position dans la sphère domestique, où finalement un salaire « d'appoint » leur suffisait… Le seul critère légitimement reconnu dans l'entreprise pour demander un aménagement d'horaires est celui de la famille, mais le prix d'un tel aménagement sera lourd, en termes de carrière et de promotion.

(6) Au moment de cette séance, les exonérations au temps partiel n'avaient pas été supprimées, comme c'est le cas désormais, depuis les débats parlementaires sur la seconde loi des 35 heures.

Tout se passe comme si cette question du temps de travail des femmes ne se posait qu'au regard de leur vie familiale, en dehors des autres temps sociaux et indépendamment de leur mode d'insertion sur le marché du travail et du maintien de formes de division sexuée du travail. Tout se passe aussi comme si pour les hommes – notamment les pères – ces questions de conciliation ne devaient pas se poser. Notre objectif est donc de rétablir cette dimension du genre pour souligner les risques de discriminations qu'une politique de temps du travail peut véhiculer.

Les incitations directes au temps partiel ne sont pas les seuls instruments de la politique du temps de travail récente. La loi quinquennale, la loi Robien ainsi que le projet de loi actuel sur le passage aux 35 heures ouvrent sur d'autres formes de réduction et d'aménagement possible du temps de travail. Il existe même une dynamique propre aux entreprises qui vise le développement d'accords locaux sur le temps de travail de plus en plus nombreux, où le temps partiel n'est pas la seule modalité proposée.

Passons justement à des cas concrets dans ce domaine. L'étude de certains accords collectifs sur la réduction et l'aménagement du temps de travail permet d'illustrer et d'élargir notre propos. Dans les cas étudiés, la mesure est le plus souvent à l'initiative de l'employeur, dans un contexte où les contraintes économiques et sociales sont fortes (situation défensive ou offensive en matière d'emploi) et où les mesures de la politique de l'emploi (loi quinquennale de 1993 notamment) ont été parfois incitatives.

Au départ, la position de certains hommes salariés, à qui l'on a proposé une réduction – collective – de leur temps de travail, a été d'ailleurs plutôt réticente à l'égard de la réduction du temps de travail, y voyant parfois un signe de désinvestissement au travail. On a ainsi entendu dire par certains d'entre eux que la réduction du temps de travail était « bien… pour les femmes », pour qui l'investissement familial serait en fait prioritaire. Pour eux, réduire le temps de travail, c'était passer à temps partiel et remettre en cause le principe inflexible, qui veut que « compétence rime avec présence et disponibilité dans l'entreprise ». Mais ces réticences ont finalement disparu une fois la réduction du temps de travail adoptée. La plupart des expériences ont en effet permis aux salariés, après un temps d'adaptation et d'apprentissage, de mieux organiser leur vie hors travail, de prendre plus de temps pour eux et leur famille (y compris pour les hommes).

II. Les femmes au cœur de l'articulation entre logiques collectives et individuelles

Derrière cette approbation générale, l'étude de ces accords nous invite à déplacer quelque peu notre regard vers des dimensions « cachées » et « imprévues » qui concernent certaines catégories de salariés, des femmes en premier chef, dont les moyens de représentativité et de défense échappent en partie aux négociations collectives menées en entreprise.

La plupart du temps, la négociation collective s'appuie en effet sur des compromis entre acteurs sociaux et selon les rapports de force en présence, un équilibre plus ou moins stable est obtenu de type du « donnant-donnant » – on peut même parler d'accords « gagnant-gagnant ». Ces accords offrent aux salariés des heures voire des jours libérés, accompagnés du maintien ou de la création d'emplois contre une diversification des horaires (travail le soir, le samedi...), une flexibilité dans les délais de prévenance, une intensification parfois du travail et une compensation salariale partielle.

Certains accords ont développé à côté de ces mesures collectives, des dispositions individuelles (possibilité de passage à temps partiel, compte-épargne-temps, préretraite progressive...). Or dans ces accords « mixtes », les mesures individuelles sont moins souvent de type « donnant-donnant », mais plutôt « gagnant-perdant ». Un tel constat a été déjà relevé dans d'autres études. Ainsi, Margaret Maruani dénonçait le « chantage » fait à certaines femmes de type : « le temps partiel ou la porte ».

De même, on a déjà évoqué l'idée d'un double régime « masculin-pluriel » d'un côté, opposé au « féminin-singulier », de l'autre ; autrement dit, aux hommes, des mesures collectives de réduction du temps de travail, aux femmes des mesures individuelles. Sans être affirmé explicitement dans les accords, le temps partiel est en effet implicitement destiné aux femmes [7].

Comme le soulignent M. Maruani et F. Michon, pour pouvoir toucher la main-d'œuvre masculine, il faut que (le temps partiel) porte un autre nom ; la préretraite progressive, que l'on se garde bien de nommer « préretraite à temps partiel ». Et encore s'agit-il alors de salariés âgés, pour qui le temps partiel se justifie, compte tenu de leur forte ancienneté.

Nous avons rencontré une situation en partie analogue dans une entreprise de notre enquête. La réduction col-

(7) Un accord récent signé chez Renault en est une bonne illustration. L'incitation au temps partiel apparaît « neutre » dans l'accord, mais une note de service interne ne cachait pas que le temps partiel visait le personnel administratif féminin.

lective du temps de travail a été proposée en 1992 à l'ensemble du personnel de production pour limiter un plan social en allongeant la durée d'utilisation des équipements, avec une forte réduction du temps de travail (passage à 33 heures, avec possibilité d'ouverture de six équipes, y compris de nuit et de week-end).

Le personnel administratif, quant à lui, était exclu de ce dispositif. Il a dû « choisir » entre du temps partiel pour toutes les secrétaires ou le licenciement de l'une d'entre elles… Ce chantage ne visait pas directement les femmes, puisque cette entreprise de l'électronique accueille des femmes à la production, mais il visait une catégorie de salarié(e)s – les secrétaires – pour qui la norme collective ne pouvait pas s'appliquer. Leur faible représentativité dans l'entreprise a permis cette individualisation, signe de discrimination, dans la mesure où pour elles, la compensation salariale n'avait pas lieu d'être et surtout leur charge de travail n'avait absolument pas suivi ce passage à 80% de leur temps de travail. La renégociation de l'accord, trois ans plus tard, a permis heureusement de rectifier cette situation grâce à une reprise de l'activité.

De ce premier exemple, on relève que l'articulation entre mesures individuelles et collectives en matière de temps de travail s'avère difficile. Des principes de divisions sont à l'œuvre lorsqu'il s'agit de mixer de telles mesures : outre cette partition hommes-femmes, l'on voit jouer des différences selon l'âge (comme la préretraite), les catégories (cadres-non cadres, cols bleus-cols blancs) et l'intégration dans l'entreprise, notamment dans la représentation syndicale. Dans tous ces cas de figure, l'individualisation rime avec discrimination.

III. Dépasser l'opposition temps contraint – temps choisi

Dans l'expérience précédente, ce personnel administratif n'a effectivement pas eu un véritable choix. En revanche, dans d'autres entreprises, le temps partiel est réellement à l'initiative des salariés. On pourrait alors considérer qu'il s'agit ici d'un véritable « choix », mais les expériences suivantes nous invitent à remettre en cause ce terme.

Dans une entreprise de l'agroalimentaire, la réduction du temps de travail collective s'est vue appliquée à l'ensemble du personnel, cette fois-ci aussi bien au personnel de production, qu'au personnel administratif et aux cadres, mais avec des modalités spécifiques à chaque catégorie. Le passage à « la semaine de quatre jours » (en vérité seulement assurée une semaine sur deux) relève aussi d'un jeu « gagnant-gagnant ».

D'un côté, en positif pour les salariés, des jours libérés, des créations d'emplois au-delà des engagements prévus dans l'accord ; mais en négatif, des exigences de flexibilité des horaires, des délais de prévenance pas toujours respectés et un effort salarial, faible pour les ouvriers, plus conséquent pour le personnel administratif et les cadres.

Ce dispositif a donc été effectivement généralisé à tous... y compris... aux salariés à temps partiel – toutes des femmes – qui n'ont pu bénéficier de la nouvelle norme collective de temps de travail. Dans la volonté de ne pas faire de « différence », le patron de cette entreprise a considéré que ces salariées (minoritaires) devaient, elles aussi, accepter un effort : réduire encore leur temps de travail. L'argument principal pour ce responsable est évidemment financier ; à l'heure où tous acceptaient de faire un effort, remettre ces salariés à temps partiel dans la nouvelle norme collective revenait à leur accorder une hausse de rémunération (de l'ordre de 1 000 francs mensuels…), pour une durée du travail inchangée.

Cette décision est révélatrice du statut véritable du temps partiel, même lorsqu'il est à l'initiative des salariés. Le « choix » d'un temps partiel est au fond irréversible. Il ne s'agissait pas pour ces femmes de « choisir » une forme d'aménagement de leur temps de travail (qui depuis a été généralisée à toute l'entreprise) mais d'entrer dans une forme d'emploi réduit, de « tomber finalement dans le piège du temps partiel », induisant un statut à part dans l'entreprise, une marginalisation certaine. Là aussi, l'absence de « prise de parole » de ce petit groupe de salariées s'est donc traduite par une acceptation de leur sort, au nom de la solidarité auprès de l'ensemble du collectif des salariés mais surtout vis-à-vis des jeunes du bassin d'emploi, en attente d'un emploi.

Un exemple plus classique nous vient de La Poste, confirmé aussi dans un service hospitalier. Si l'argumentation habituellement invoquée à l'origine d'une demande de temps partiel concerne la vie familiale et surtout les enfants, on peut souvent relever d'autres déterminants à ce « choix ». C'est en effet l'expression de plus en plus fréquente d'une « fuite » à l'égard du travail, face aux horaires décalés, à une détérioration des conditions de travail, phénomènes renforcés pour les personnes ayant une forte ancienneté et des charges familiales importantes. La famille apparaît alors comme l'argument légitime d'une telle demande, le seul au fond réellement recevable dans une entreprise, alors qu'en réalité ce sont les conditions de travail qui jouent sur cette « mise en retrait » de l'entreprise.

Au total, ces différentes expériences, souvent innovantes, ne sont donc pas neutres en terme de genre. Elles nous invitent à nous interroger sur les répercussions à terme de ces mesures. Le futur passage aux 35 heures en France devrait s'accompagner d'une réflexion sur ces enjeux, notamment en ce qui concerne le statut des personnes déjà à temps partiel.

Les exemples ici présentés ne sont que des cas particuliers. De nouveaux accords (comme chez Yves Rocher ou au Crédit lyonnais) ont d'ailleurs ouvert la possibilité pour les personnes à temps partiel de revenir sur ce choix... Mais rien n'indique pour le moment que de telles dispositions seront généralisées. Cela suppose en effet que l'égalité soit un principe affirmé en tant que tel au départ. Or rien ne semble aller dans ce sens, en tout cas pas du côté des acteurs sociaux. Les textes législatifs actuels proposent certes une « moralisation » du temps partiel, mais il s'agit surtout de limiter les abus flagrants dans l'utilisation du temps partiel de certaines entreprises bénéficiant d'exonérations de charges sociales (essentiellement dans le commerce et la restauration). Il n'est pas fait mention dans ce texte de ce qui relève des droits des personnes ayant demandé un temps partiel. Ceci reste en France du domaine « réservé » de l'entreprise et donc dépend du bon vouloir de ces dirigeants [8].

(8) Seule la fonction publique offre en France des droits et des garanties pour les salariés demandant un temps partiel, à la différence par exemple de la Suède où ces droits sont généralisés y compris au secteur marchand.

Débat

Le temps partiel dans les pays nordiques

Question : Vous avez évoqué le temps partiel dans les pays du Nord de l'Europe, pouvez-vous développer un peu plus la comparaison. Il me semblait que dans ces pays surtout, il s'agissait des femmes et de façon plus massive encore qu'en France. De même, votre comparaison portait au départ sur la Suède, quelles différences avez-vous relevées ?

Réponse de Rachel Silvera : Effectivement, le temps partiel est plus développé aux Pays-Bas, en Suède ou au Danemark. Mais, dans ces pays, la part des hommes à temps partiel est aussi plus développée (entre 15 et 20% des hommes sont à temps partiel contre seulement 5% en France). Certes, il s'agit surtout de jeunes hommes et d'emplois tremplins vers le temps plein. Mais tout de même, il y a une plus grande répartition de cette modalité d'emploi.

Quant à la comparaison avec la Suède, on a constaté que certains accords d'entreprise précisaient d'emblée qu'un des objectifs visait l'égalité des sexes, le développement du « bien-être » social, ce qui n'existe pas en France. Par exemple, à l'opposé de ce qui s'est passé dans l'entreprise de l'agroalimentaire, dans une clinique suédoise, l'accord de RTT prévoyait que les personnes à temps partiel puisse revenir dans la nouvelle norme collective, en maintenant la même durée de travail mais avec une hausse de leur salaire... On voit ainsi la différence : dans un cas, l'égalité fait partie des objectifs et s'intègre à la négociation, dans l'autre, tout au contraire, on ne pense pas à l'égalité.

Le temps partiel et le commencement des négociations sur les 35 heures

Question : Le temps partiel a été stimulé bien sûr par les exonérations de charges, cela a touché beaucoup de femmes, mais aussi des hommes. On retrouve cela dans les accords qui sont signés. Dans une étude (Ugict) des derniers accords signés, contrairement à l'exemple que vous avez donné, il y a quelques accords qui font la part des choses ; soit on reste au statu quo et on redéfinit le salaire, soit on permet de baisser à nouveau le salaire. Peut-être faut-il regarder plus finement la population intéressée, mais je pense que les femmes ont beaucoup influencé la négociation. Dans un de ces accords il y a quelque chose qui intéresse les femmes : alors que c'est un accord, sur les 35 heures, les femmes pourront faire 32 heures pendant leur temps de grossesse, et un couple lorsqu'il travaille dans la même société peut prendre un congé parental en intermittence jusqu'aux 18 mois de l'enfant. Il y a là quelque chose de très intéressant à observer pendant cette période. On est assez structuré sur les accords de branches, or dans les accords d'entreprises, il existe des choses sur le vécu des femmes, et les femmes ont beaucoup influencé cette question y compris sur la question des embauches dans le cadre des 35 heures. Dans la mesure où le chômage des femmes est très important, il faut être attentif à toutes les questions de priorité à l'embauche (avec tout le débat qui s'en suit).

Réponse de Rachel Silvera : Sur le point du temps partiel et des 35 heures, l'exemple que j'ai donné est effectivement négatif mais réel. J'ai mentionné en conclusion qu'il y a eu depuis des accords qui vont dans l'autre sens, prévoyant par exemple de laisser les personnes à temps partiel « choisir » soit de bénéficier de la nouvelle norme soit de rester où elles en sont. La loi ne prévoit rien. S'il n'y a pas de discussions, il n'y a donc aucune raison que les entreprises suggèrent que les personnes rentrent dans la nouvelle norme et qu'on leur prévoit une rémunération qui va avec. Spontanément, l'entreprise va jouer la carte plutôt négative. Tout ne va pas forcément aller dans ce sens, mais je crois que la loi devrait agir sur ce point. Ce n'est pas en supprimant deux heures qu'on moralise le temps partiel. Il faut supprimer les exonérations. Mais cela renvoie à d'autres logiques et il faut subventionner une partie des emplois créés car n'oublions pas que le temps partiel est la forme dominante des créations d'emploi. Supprimer les exonérations, c'est aussi peut-être voir le chômage évoluer négativement.

Le véritable problème concerne la place de l'égalité dans toutes les négociations. Si personne ne porte au départ une telle démarche, il n'y aura pas de changement.

Le rapport spécifique des femmes au temps de travail

Question : Il y a des femmes qui ont des problèmes spécifiques dans leur travail, notamment dans leur temps de travail. Citons le cas d'une femme syndiquée dans le secteur bancaire. Elle est enceinte de son troisième enfant et voulait poursuivre des cours de banque (Institut supérieur de banque). Elle voulait s'inscrire durant son congé car elle avait peur de perdre le fil après une longue interruption. Son conjoint était prêt à s'occuper des enfants pour cela. La Banque lui refuse la prise en charge de son inscription car il est interdit de se former durant un congé maternité, couverture sociale oblige... Ce cas est complexe car, d'un côté, un « bon » syndicaliste se bat pour que la formation se passe pendant le temps de travail. Mais d'un autre côté, cette personne ne doit pas subir sa condition de femme. Elle doit pouvoir profiter de son congé maternité comme elle le veut. Nous avons décidé de la soutenir pour que la banque prenne en charge son inscription…

Réponse de Rachel Silvera : Ce cas est particulièrement intéressant sur l'opposition entre choix individuel et démarche collective. On peut collectivement dénoncer certains risques où l'on en viendrait sous prétexte d'égalité, et surtout pour une femme cadre, à réduire par exemple le congé maternité. Mais d'un autre côté, sur un plan individuel, on comprend que pour cette femme, c'est une opportunité d'obtenir ce financement durant cette période… On peut faire ici un parallèle avec la question du travail de nuit ; faut-il accepter sa généralisation au nom de l'égalité (ce qui correspond au « choix » de certaines femmes) ou refuser la généralisation de cette forme d'horaire atypique ?

Huitième séance, 20 mai 1999

L'emploi et la politique familiale

Danielle Boyer *

Je suis conseillère technique à la Cnaf au bureau de la recherche, dont la mission est de construire des problématiques de recherche sur lesquelles des chercheurs externes à la Cnaf vont travailler pour nous donner des éléments d'analyse et de compréhension de la politique familiale.

Je travaille plus particulièrement sur le thème de la petite enfance et je coordonne des travaux sur ce thème.

L'analyse du lien entre activité féminine et politique familiale est très intéressante car cette question est un enjeu dans l'activité féminine et dans les rapports de sexes en général.

Il y a deux manières d'aborder cette question : soit en partant de l'activité féminine et en regardant comment elle est construite et comment la politique familiale s'y articule ; soit en partant de la politique familiale et des différentes mesures actuelles et en voyant comment cette politique familiale s'articule ou pas avec la question du travail des femmes. C'est cette seconde démarche que je vous propose aujourd'hui.

Je vais partir de la notion de « libre choix », sur laquel-

---

* *Conseillère technique à la Cnaf.*

le est bâtie actuellement toute la politique en matière de modes de garde. Dans un premier temps je vous propose un panorama des aides pour l'accueil des jeunes enfants, au regard de cette notion de libre choix. Dans un deuxième temps je passerai à une analyse de ces différentes mesures afin de déterminer sur quelle représentation du rôle des mères s'appuie la politique familiale.

I. Panorama des aides pour l'accueil des jeunes enfants

La politique familiale est un des trois axes de la politique en faveur de la petite enfance (0-6 ans), avec la politique publique d'enseignement préscolaire et la politique de santé publique (PMI). La politique familiale est gérée par la Cnaf.

Selon les textes, la politique familiale en elle-même a trois objectifs au regard de l'accueil du petit enfant :

– favoriser l'épanouissement de l'enfant, garantir la qualité des soins qui lui sont apportés, répondre à la démarche d'accompagnement éducatif des parents ;

– favoriser l'égalité homme-femme et donner aux couples la possibilité de concilier vie familiale et vie professionnelle ;

– prévenir les exclusions et assurer l'accompagnement et l'intégration sociale non seulement des enfants mais aussi des parents.

Quelles sont les différentes mesures qui concourent à ces objectifs ?

Depuis les années 80, il y a une volonté de diversification de l'offre d'accueil se traduisant actuellement par un développement de cette offre.

Il coexiste trois prestations individuelles qui sont :

– l'allocation de garde d'enfant à domicile (Aged), octroyée aux parents ayant une activité professionnelle et dont le plus jeune enfant a moins de 6 ans. Elle consiste en une déduction des charges patronales et salariales et une réduction d'impôt jusqu'à 22 500 francs pour l'embauche d'une employée à domicile ;

– l'aide à la famille pour l'emploi d'une assistante maternelle (Afeama) : elle concerne les enfants de moins de six ans gardés en dehors de leur domicile par une assistante maternelle agréée par la PMI, les parents reçoivent une aide trimestrielle (800 francs jusqu'aux trois ans de l'enfant, 500 francs jusqu'à six ans). Les parents sont exonérés des charges patronales et salariales, et ils bénéficient d'une réduction d'impôt de 3 750 francs par enfant ;

– l'allocation parentale d'éducation (APE) : versée aux familles à partir du deuxième enfant et jusqu'à trois ans, lorsqu'un parent cesse ou réduit son activité professionnelle, ou même lorsqu'il est au chômage ou inactif mais qu'il a travaillé au moins deux ans pendant les années précédentes. Cette allocation est de 3 000 francs.

Ces trois prestations individuelles s'ajoutent à des prestations collectives qui existent en faveur des crèches.

Dépenses affectées à ces différentes prestations en 1997 :

– APE : 17 milliards de francs, 19% des enfants de moins de 3 ans ;

– Afeama : 8 milliards de francs, 13% des enfants de moins de 3 ans ;

– crèches : 2,7 milliards de francs, 9% des enfants de moins de 3 ans ;

– Aged : 2 milliards de francs, 1% des enfants de

moins de 3 ans.

On voit que ce sont les modes de gardes individuels qui sont favorisés.

Si on observe l'évolution des dépenses de 1994 (loi modifiant l'APE) à 1998 :

– APE : augmentation de 260% ;
– Afeama : + 117% ;
– crèches : + 21% ;
– Aged : + 187%.

A partir de ces données, et compte tenu du développement des mesures donnant la priorité aux prestations liées à la garde privée et individuelle, voyons en quoi cela sous-tend le rôle attribué aux femmes dans la sphère familiale et dans la sphère professionnelle.

II. Représentation de l'activité féminine à travers les politiques familiales

Le fait de développer des modes de garde individuels, notamment au regard de l'APE, peut réduire la marge de manœuvre des mères dans la sphère professionnelle. De même, le non-développement des dépenses en faveur des crèches concourt au même résultat.

Ce sont ces deux lacunes majeures qui sont soulignées par l'ensemble des recherches sur ce thème.

Les crèches constituent le seul service sur lequel les familles à bas revenu peuvent compter pour faire garder leurs enfants, en dehors de la famille ou des nourrices « au noir ». Ces familles peuvent difficilement recourir aux autres modes de garde, l'assistance maternelle reste trop chère, et les réductions d'impôt liées à ces prestations ne les concernent pas car elles sont non imposables. Et ne parlons pas de l'Aged.

En l'absence de solutions, ces familles (en l'occurrence des femmes) sont amenées à cesser leur activité professionnelle.

L'APE pousse d'autant plus ces femmes à se retirer du marché du travail, ce qui est d'ailleurs l'objectif avoué de cette prestation.

Plusieurs enquêtes sur les bénéficiaires de l'APE ont montré que le développement de l'APE renforçait les risques professionnels des femmes les plus démunies. Entre 200 000 et 250 000 femmes se sont retirées du marché du travail sur 560 000 bénéficiaires. Parmi les bénéficiaires, certaines étaient déjà inscrites au chômage et ont donc ainsi profité de l'effet d'aubaine de cette prestation. Si on regarde le taux de chômage à leur entrée et à leur sortie de l'APE on constate que les femmes inscrites au chômage représentent 9,2% des femmes actives à l'entrée à l'APE et qu'elles sont 13,8% au chômage à la sortie de l'APE. L'APE renforce le risque de chômage et pose le problème du retour à l'emploi après une interruption de trois ans. Cette prestation n'a prévu aucun lien structurel avec la sphère de l'emploi.

Cette prestation a eu un effet de diminution d'activité des femmes puisque le taux d'activité des mères ayant deux enfants est passé de 69% à 53%.

Pour ces femmes, cette prestation permet de se retirer d'un emploi dans lequel les conditions de travail sont souvent très dures, avec des horaires difficiles, des rémunérations faibles.

Globalement, cette notion de libre choix et d'individualisation des prestations sous-entend que la place des femmes est plus dans la sphère familiale que dans la sphère professionnelle mais on va voir que cette représentation, au regard des autres prestations ne se limite pas aux femmes les plus démunies. La politique familiale actuelle tend à renforcer l'idée que l'éducation des enfants doit se faire par les femmes. L'idée de retour des femmes au foyer est sous-jacente non seulement à l'APE mais aussi aux autres prestations.

Les tendances actuelles de la politique familiale renforcent donc les trajectoires sexuées.

Si on reprend encore l'APE, 95% des bénéficiaires sont des femmes, alors que la prestation s'adresse au couple. Ce modèle adhère à un modèle de gestion de l'activité féminine dans lequel, en période de crise, les femmes doivent se retirer, au moins partiellement, du marché du travail. C'est un modèle qui ne permet pas vraiment au couple d'arbitrer dans le sens de l'équité entre les sexes. En effet, le montant peu élevé de la prestation fait que, dans la majorité des couples, c'est lorsque la femme cesse son activité qu'il y a une perte de revenus moindre pour la famille.

Plus globalement, ce sont des raisons qui renvoient aux rapports sociaux entre les sexes et aux normes dominantes qui font que les pères rechignent à l'idée de cesser ou de réduire leur activité et que les mères revendiquent l'exclusivité de l'éducation des enfants. La politique familiale va dans le sens de ces normes. Elle n'incite pas, comme en Suède par exemple, les pères à prendre en charge leurs enfants de ce point de vue.

Cela concerne aussi les familles des classes moyennes qui ont souvent recours à l'APE dans le cadre d'une réduction de l'activité de la femme.

Pour l'ensemble des femmes, la politique familiale

prend comme référence le maternage pour l'éducation des enfants.

Si l'on considère l'Afeama, elle renforce aussi l'idée que ce sont exclusivement les femmes qui doivent s'occuper des enfants (99% des assistantes maternelles sont des femmes). Les assistantes maternelles assimilent leurs fonctions à un rôle de parent, en faisant souvent référence à leur propre expérience de mère, non pas en tant que professionnelle. Cette conception de la profession n'est pas enrayée par la politique familiale puisqu'il n'y a que 60 heures de formation pour les assistantes maternelles et donc, de fait, la politique familiale accepte que ce soit des femmes qui ont une représentation maternelle de leur activité, elle ne favorise pas un processus de professionnalisation des assistantes maternelles. Dans le cas de l'Aged c'est encore pire puisque ce sont des femmes qui viennent au domicile des parents, qui ne sont pas formées, et pour lesquelles on ne se pose même pas la question de compétences particulières. Le fait d'être une femme et une mère font que l'on a accès à l'emploi de la garde d'enfant. La politique familiale ne va pas à l'encontre de ce processus.

Au total, les modes de garde actuels et leurs évolutions vers les modes de garde individuels, ne rompent pas du tout avec la représentation selon laquelle la mère est la seule à être légitime pour s'occuper des enfants. Indirectement, c'est bien une remise en question pour l'ensemble des femmes de leur statut sur la sphère professionnelle par rapport à la sphère familiale.

Cette question de l'évolution de la politique familiale me semble peu prise en compte par les syndicats. En effet, on analyse l'activité féminine au regard des conditions de travail mais très peu au regard de la politique familiale qui contribue à favoriser ou non l'insertion des femmes dans la sphère professionnelle. Pourtant cette question me semble un enjeu important pour la place des femmes sur le marché du travail.

Débat

Développement des modes de gardes individuels au détriment des modes collectifs

Question : Comment expliquer que les modes de garde soient de plus en plus individualisés et que l'on rechigne tant à consacrer plus de fonds à la démarche collective, alors qu'on sait aujourd'hui que le développement collectif est très bon pour l'enfant.

Il y a une dimension très discriminante dans la politique familiale qui contribue aux inégalités sociales, avec l'histoire du crédit d'impôt qui est une des mesures les plus injustes aujourd'hui puisque pour bénéficier de cette mesure à plein, il faut payer au moins 22 500 francs d'impôts ; si vous en payez moins, vous en bénéficiez moins.

La politique familiale avait au départ un objectif neutre, elle ne diminuait pas les inégalités mais restait neutre, et même luttait contre les exclusions.

Les crèches offrent énormément d'avantages, par rapport aux enfants mais aussi par rapport au salariat du personnel, face au risque d'enfermement des assistantes maternelles ; on a une vraie professionnalisation, etc. On a tout à gagner à développer les crèches, pourquoi ne le fait-on pas ?

Réponses d'une participante : Pourquoi rechigne-t-on à développer l'accueil collectif ? Il y a des fondements idéologiques dont a parlé D. Boyer qui sont très forts dans notre pays ainsi que des mouvements associatifs familiaux très forts, qui pèsent. Tout cela joue sur le plan des idées, et il y a l'autre coté, progressiste, plus égalitaire, allant vers l'accueil collectif, qui s'est développé dans les années 60-70, et qui actuellement est un peu battu en brèche. Sur la loi de 1994, les objectifs ont été très largement dépassés, notamment pour l'APE dont on n'attendait pas un tel succès. Par contre, en ce qui concerne les équipements collectifs, c'est-à-dire crèches collectives, familiales et parentales, les objectifs n'ont pas été atteints ; on devait dépenser 3 milliards de francs et on a dépensé seulement 500 millions de francs pour les seules crèches. Il faut dire aussi que chez nous les crèches sont très diligentées par les municipalités.

En 1994, il avait été demandé à toutes les communes qu'elles établissent un état des lieux et un schéma de développement des lieux d'accueil des jeunes enfants ; à l'Assemblée nationale et au Sénat, les élus se sont battus pour qu'il n'y ait pas d'obligation de ce genre. Les arguments qui sont avancés sont des arguments de coût des structures, notamment de l'encadrement. Cela renvoie à la qualification dont parlait D. Boyer. D'office, on dit que la crèche a une qualification trop grande par rapport à son personnel et qu'il faut aller en dessous puisqu'on développe le reste. Le deuxième argument avancé est un argument que l'on voit renaître, c'est l'argument sanitaire. J'ai lu dans pas mal de journaux, y compris dans des journaux de médecins, qu'à la crèche les enfants sont toujours malades, c'est grave pour leur santé future, etc. Le troisième point que l'on voit apparaître aussi c'est, dit-on, le peu de souplesse, alors que pourtant les horaires des crèches sont bien plus amples que ceux de l'école. D'ailleurs cela participe au coût excessif de l'équipement puisqu'il faut plusieurs équipes. Sur les crèches, pour avoir suivi pour un magazine féministe cette question à Paris, il faut quand même dire que ce sont à 98 % des femmes qui y travaillent. Les rapports sociaux de sexes ne s'arrêtent pas à la porte de la crèche. On retrouve cela aussi quand on regarde le nombre de femmes institutrices par rapport au nombre de femmes professeurs de faculté.

On se heurte quand même à l'idée que tout ce qui est service public est un coût et que tout ce qui est laissé à l'initiative privée est un gain pour l'économie. De plus, quand on parle avec les gens, ils considèrent la garde par une nourrice comme étant beaucoup plus saine que la garde en crèche. Il y a une bataille qui a été perdue dans les années 70, peut-être parce que l'on a été trop radical sur cette question, mais c'est maintenant un vrai problème.

Tout converge au niveau des attaques contre les crèches et pas contre les autres modes de garde, voilà pourquoi on ne les développe pas. Il y a le sous-tendu idéologique et les problèmes financiers.

Il existe des études méconnues, notamment des études de terrain faites par Suzie Cohen, qui ont montré la double chance apportée aux enfants ayant fréquenté la crèche et l'école maternelle. L'aspect positif de la socialisation précoce du jeune enfant montré par ces études est complètement gommé aujourd'hui, même remis en cause.

Les enfants des femmes qui travaillent sont gardés. Il y a des études qui montrent que les enfants des femmes qui travaillent sont moins délinquants car justement ils sont gardés, ce qui n'est pas forcément le cas quand la mère reste à la maison. C'est l'inverse de ce que disait M. Codaccioni, le travail des femmes ne conduit pas à la délinquance des enfants. Par contre la réalité des aides n'est pas la même.

Réponse de Danielle Boyer : Ce qu'il faut rappeler aussi c'est que, dans l'histoire des crèches, leur légitimation n'a toujours pas été établie, c'était des enfants placés, etc. Les crèches étaient soutenues par une action sociale forte de la Cnaf, cela a toujours été une bataille, cela l'est encore plus aujourd'hui.

La politique familiale française est-elle « anti-féministe » ?

Question : Le point que j'aimerais bien que l'on aborde est plutôt un point de désaccord de ma part, car je crois que la politique familiale actuelle a des contradictions, mais ne va pas seulement dans le sens de défavoriser l'activité des femmes.

D'un côté il y a tout ce qui incite au retour au foyer, mais en même temps il faut dire que l'Aged est un outil extraordinaire pour favoriser l'activité des femmes cadres. Les horaires scolaires sont globalement favorables, notamment comparés à ceux des pays nordiques pour la maternelle. L'amplitude des horaires scolaires a permis que l'activité féminine soit du temps plein et non pas du temps partiel.

D'où mon idée de parler, en ce qui concerne la politique familiale en France, d'une politique qui, d'un coté, tend vers le familialisme tout en allant vers ce que l'on a appelé, d'un autre coté, un féminisme d'État.

La France n'est pas le pays européen où la politique d'État est la plus anti-féministe, au niveau de la famille ou du travail des femmes.

Sur les déductions fiscales il ne faut pas trop crier victoire car ce n'est pas du tout fait pour la garde des enfants. C'est pour permettre aux gens d'employer des gens à domicile, que ce soit pour la garde des enfants ou pour autre chose. Le gros des bénéficiaires, quand on regarde le rapport de l'Assemblée nationale d'il y a deux ans, c'étaient des très gros revenus ; c'était une méthode de défiscalisation. Que cela puisse servir à des femmes désirant faire garder leurs enfants certes, mais ce n'était pas le but de cette déduction fiscale, c'est une question beaucoup plus globale.

Réponse de Danielle Boyer : Je voudrais revenir sur le fait de dire que la France n'est pas anti-féministe. J'ai voulu montrer que c'est une tendance de la politique familiale pour montrer qu'il ne faut pas s'endormir sur ses lauriers. Dire qu'on est en avance sur les autres pays européens, ce qui est vrai, n'empêche pas qu'il y a actuellement à travers l'individualisation des prestations, une très forte tendance à remettre en cause l'activité des femmes.

Les débats actuels au conseil d'administration de la Cnaf prouvent que cette question doit absolument être saisie par les syndicats. En ce qui concerne la féminisation du personnel des crèches, je n'ai jamais dit le contraire, j'ai seulement souligné le fait que les assistantes maternelles ramenaient leur qualification à des compétences maternelles et parentales. Par contre les personnels de crèche, qui sont effectivement des femmes, n'ont pas du tout cette représentation quand on les interroge. De toute façon, dans les politiques de formation, rien n'est fait pour que les hommes se tournent vers ces métiers, et cela dans l'ensemble des professions sociales.

Moi, je ne crois pas qu'il y ait seulement des contradictions, je pense que ce sont de réelles tendances.

Par exemple l'Aged n'a jamais été créée dans une perspective d'accueil du petit enfant, sinon il y aurait eu une formation derrière, c'était seulement une politique d'emploi, pour lutter contre le travail au noir. Qu'après cela profite à des femmes cadres, que cela les aide, que tout le monde s'y retrouve (et encore pour 1 % des femmes et un coût de 2 milliards de francs !), je veux bien qu'on dise que ce sont des contradictions mais tout de même !

Projet du gouvernement concernant le congé parental

Réponse de Danielle Boyer : Je voulais parler des projets du gouvernement sur le congé parental. Au niveau européen tout devrait être réglé au niveau de la garde du petit enfant avec le congé parental.

C'est l'anticonciliation puisque l'on sort de la vie professionnelle, c'est une conception que l'on peut discuter. Dans la conférence sur la famille, ce qui est projeté c'est qu'on pourrait raccourcir l'APE et le congé qui va avec et faire qu'on offre la possibilité d'un congé parental dès le premier enfant, qui serait de six mois, plus un mois si le congé est pris par le père (un peu sur le modèle suédois).

Le problème de ce congé parental court, c'est que l'Unaf n'en veut pas, la CFTC n'en veut pas, car maintenant qu'elle est en place, cette APE au rang deux, on ne veut plus y toucher, car comme pour l'Aged, il va y avoir des cris horribles des associations familiales et de la CFTC.

Donc on va se retrouver avec un congé parental court de six mois, qui est discutable effectivement, qui risque d'être rémunéré non par rapport à un raccourcissement de l'APE mais par le redéploiement d'une prestation (l'AJE) servie à l'heure actuelle sous condition de ressources (900 francs par mois) qui disparaîtrait au profit d'un congé parental pour le premier enfant. C'est un redéploiement qui va être défavorable à des familles relativement modestes pour un arrêt d'activité à nouveau, tout en gardant l'APE rang deux.

C'est un nouveau congé parental qui serait rémunéré soit disant 4 500 francs, c'est un nouvel enjeu. De même on envisage de mettre l'Afeama (assistantes maternelles agrées) sous conditions de ressources (820 francs par mois). On voit donc qu'en ce qui concerne l'accueil du jeune enfant on va encore cumuler deux nouveaux handicaps et ce n'est pas la politique que l'on souhaiterait défendre. Ce que l'on avance comme réflexion en ce moment c'est qu'on voudrait tendre vers un grand service public de l'accueil de la petite enfance, diversifié, qui admette différents aspects de l'accueil collectif à l'assistante maternelle, et à son propre domicile avec des gens qualifiés, formés et rémunérés pour.

Actuellement il y a le système des travailleuses familiales, qui dépend énormément des Caf qui le financent, où ce sont des femmes qui ont une convention collective, qui vont au domicile des parents qui sont en difficulté, pour cause de maladie.

Mais on ne va pas du tout vers cela, on éclate de plus en plus les choses, et on continue à dire que c'est la sortie totale ou partielle de la sphère du travail qui peut permettre de concilier.

La place du travail et les aspirations au développement des temps sociaux

Question : On vient d'aborder la question de la définition du travail, au-delà du rapport entre les sexes. Le travail lié à la sphère domestique, dans des associations, etc. est un travail non rémunérateur qui est un travail non visible. La politique familiale s'insère dans ce type de travail, on doit donc avoir le débat sur la notion et le rapport au travail. Je pense que si c'était un travail honnêtement et correctement rémunéré, un homme pourrait s'occuper des enfants, la preuve est que dans les couples, les hommes s'occupent davantage de leurs enfants.

Je n'ai que mon expérience de maman d'une petite fille et de syndicaliste. Ce qui m'aurait intéressée c'est de creuser l'aspect des besoins et des envies. D'un côté je suis à fond pour la crèche, mais personnellement j'ai eu envie de rester avec ma fille au-delà de mon congé de maternité. J'arrive presque à me sentir moi, là, en décalage avec le discours engagé des syndicalistes, des femmes ici. De même, sur le congé parental, si l'idée du retrait du marché du travail est condamnable, on peut avoir envie à un moment donné de « se poser », quand l'enfant est tout petit, mais aussi au moment de l'adolescence.

C'est vrai qu'il faut renvoyer cela aux politiques publiques et aussi aux responsabilités des entreprises, mais il faut en même temps trouver les moyens d'aller plus loin et mieux dans cette argumentation.

Les aspirations correspondent à des phases de nos vies, mais le problème c'est qu'elles renvoient jusqu'à présent au seul modèle de la relation fondamentale mère-enfant. Comment faire en sorte que cette question traverse le couple, les parents séparés ? De plus, revendiquer de prendre du temps pour faire autre chose que travailler, n'est pas une valeur recevable à l'heure actuelle. Ces débats sont au cœur des questions sur la représentation du travail, sa place, sa valeur.

Il faut trouver le moyen de partager le travail, rémunéré et non rémunéré. Il faut qu'on ait la formation continue, pour qu'on puisse à tout moment, réintégrer une activité professionnelle sans décalage. Le travail doit trouver sa place entre les besoins et les aspirations, dans ce que les gens ont envie de vivre, cela ne doit pas être une contrainte.

Dans le milieu syndical, arc-bouté sur la défense de l'emploi, on a oublié trop longtemps de parler du travail. Maintenant on revient sur la valeur travail, sa centralité, mais du coup on retourne le bâton dans l'autre sens.

L'idée du congé parental, cela n'est pas si mal ; à condition qu'il y ait des hommes qui veuillent arrêter de travailler pour élever leur gamin.

Il y a vraiment à travailler sur la professionnalisation de la garde des enfants. Si on n'a pas cette professionnalisation, on aura toujours cette confusion entre mère et garde d'enfant. C'est un autre débat que celui du rapport de celui qui travaille avec le non-travail, le rapport avec ses propres enfants dans la vie familiale.

Réponse de Danielle Boyer : En ce qui concerne l'aspiration à avoir du temps, on est toutes passées par-là en tant que mères, mais je me demande pourquoi on se pose ces questions, est-ce parce que l'on est des femmes ? Est-ce que votre ami se pose les mêmes questions vis à vis de son investissement vis-à-vis des enfants ?

En quoi la politique familiale peut-elle ou non assigner les femmes dans un rôle d'éducation ? S'il y a du temps à gagner, oui, mais pour tous, pas seulement pour les mères.

Dans les premières années de l'enfant, il y a une aspiration des pères, mais qui semble s'estomper au fur et à mesure que les enfants grandissent.

Enfin, pour revenir sur les contradictions entre les aspirations individuelles et les aspirations collectives, on peut toujours trouver un intérêt personnel à bénéficier de l'APE, de l'Aged, etc. mais il faut toujours le replacer dans le contexte d'évolution des politiques dans lequel cela se situe et, de mon point de vue, une politique familiale qui va dans le sens d'une individualisation des prestations ne peut pas être acceptable. On l'a vu en matière de politique de l'habitat, le passage d'un mode d'aide à la pierre à un mode d'aide à la personne, a provoqué la ségrégation sociale dans les banlieues et dans les villes. En matière de politique de la petite enfance, alors que jusque là était préservé un mode de prestation collectif, on doit être vigilant vis-à-vis de cette tendance, même si individuellement on peut tous s'y retrouver. Cette vision néolibérale selon laquelle tout individu a un libre choix du mode de garde est fausse, il y a forcément derrière de la discrimination sociale. Est-ce qu'on est prêt à l'accepter car individuellement cela nous arrange, ou est-ce que collectivement il y a quelque chose d'autre à défendre ?

Annexe 1

Les participants

Dans le cadre de la troisième année du « séminaire Ugict/Iseres », huit séances ont été organisées entre octobre 1998 et mai 1999 auxquelles ont participé cinquante-cinq personnes : treize chercheurs et chercheuses, trente-deux syndicalistes, deux journalistes et huit autres personnalités.

Amoah Ann	coordinatrice de l'Ousa
Angeloff Tania	sociologue, Iseres
Ardura Anita	sociologue, Iseres
Avran Isabelle	journaliste, *Options*
Baracat Michèle	secrétaire de l'Ugict
Barbillon Renée	CGT, Crédit lyonnais
Baudes Henri	Ugict du Puy-de-Dôme
Benefice Thierry	Ugict
Blad Anne	Ugict du Rhône
Boscheron Evelyne	Ugict territoriaux
Bouviolle Annie	commission exécutive Ugict
Boyer Danièle	conseiller technique Cnaf
Cacouault Marlaine	sociologue, université Paris V
Cardin Marie-Claude	commission exécutive Ugict
Carlet-Lemee Agnès	commission exécutive Ugict
Chaventré Sylvie	UGFF, CGT
Cohen Jeanine	CNRS (URM « Ladyss »)
Courjaud Martine	chef de service adjt. Macif, Ugict
Croff Brigitte	consultante, Brigitte Croff Conseil
Di Ruzza Renato	économiste, université d'Aix
Donlevy Vicki	Racine [1]

Dosualdo Annie	Ugict
Estournès Valérie	secrétaire de l'Ugict
Farache Jacqueline	secteur santé-famille de la CGT
Febrer Evelyne	collectif femmes-mixité de la CGT
Gagna Jean-Claude	secrétaire de l'Ugict
Gomez Violette	CGT, BNP
Guichaoua Françoise	commission exécutive Ugict
Guillotin Jacqueline	Snadgi, CGT
Huerta Jeannette	chef de service adjt.Macif, Ugict
Ingarao Maud	Iseres
Joubier Jean-Michel	secteur formation de la CGT
Lana Françoise	ingénieur EDF, Ugict
Laroze Micheline	commission exécutive Ugict
Laufer Jacqueline	sociologue, HEC
Lavaud Michel	Iseres
Le Roux Serge	secrétaire général de l'Iseres
Lespinas Thérèse	GNC, CGT
Marry Catherine	CNRS
Martine Edith	Ugict
Maruani Margaret	sociologue, CNRS
Mauduit Micheline	Brigitte Croff Conseil
Miral Nadège	Iseres
Moalic Françoise	UFC PTT, CGT
Morel Danièle	Filpac, CGT
N'Guessan Blissy Marguerite	historienne
Navaro Thérèse	Émergences
Nedelec Catherine	ingénieur, Ugict
Ovadia Célina	journaliste
Rey Chantal	directrice de l'Iseres
Sandoval Véronique	Dares
Silvera Rachel	économiste, Set-Matisse
Sorribas Num	Racine (1)

Soule Dominique	Ugict
Surdut Maya	Collectif national pour les droits des femmes
Vladimirova Katia	Iresco-CNRS (Gedisst)

(1) Racine : Réseau d'appui et capitalisation des innovations européennes.

Annexe 2

Les intervenantes

Danielle Boyer, conseillère technique à la Cnaf au bureau de la recherche ; travaille plus particulièrement sur la petite enfance.

Marlaine Cacouault, sociologue, maître de conférences à l'université de Paris V – René-Descartes, faculté des Sciences humaines et sociales de la Sorbonne département Sciences de l'éducation. Membre du comité de rédaction de la Revue « Travail, genre et société, la revue du Mage ».

Thèmes de recherche : professions de l'enseignement et de l'encadrement dans l'Éducation nationale ; comparaison des carrières des hommes et des femmes professeurs ou chefs d'établissement.

Publications : « Images, carrières et modes de vie des enseignantes des années 60 à la décennie 90 », *Recherches et Formation*, n°20, 1995 ; « Le diplôme contribue-t-il à réduire les différences entre hommes et femmes sur le marché du travail ? », avec C. Fournier, *in* N. Mosconi ed., *Egalité de sexes en éducation et formation*, Puf, 1998 ; « Féminisation de l'enseignement masculinisation des fonctions de direction : égalité formelle chez les professeurs du second degré », *La revue de l'Ires*, à paraître, en 1999.

Brigitte Croff, consultante, expert. Dirige depuis 1995 un centre de formation professionnelle à Ivry-sur-Seine, centré sur la valorisation des savoir-faire de la vie quotidienne et le travail invisible des femmes.

Thèmes de recherche : dépendance et politiques familiales ; conditions de travail des femmes dans les services à domicile ; histoires de vie et trajectoire professionnelle.

Publications : « Seules », genèse des emplois familiaux, ed. Métaillé, 1994 ; « Les emplois familiaux : le travail domestique réhabilité » *Mage avril 1996,* Santé et travail. Emplois de service ; « Entre employé(e)s, personnes dépendantes, aidant(e)s. La scène de travail et son contrat », *Revue française des Affaires sociales*, avril 1997.

Jacqueline Laufer, sociologue, professeur au groupe HEC. Directrice adjointe du Mage, membre du comité de rédaction de la revue « Travail, genre et société, la revue du Mage ».

Thèmes de recherche : mise en œuvre de l'égalité professionnelle entre les femmes et les hommes, accès des femmes à la décision.

Publications : « L'entreprise et l'égalité des chances ; enjeux et démarches d'actions », la Documentation française, collections Droits des femmes, 1991 ; « L'égalité et la différence en débat », *in* Ephesia, *la place des femmes, les enjeux de l'identité et de l'égalité au regard des sciences sociales*, La Découverte, 1995 ; « Les carrières féminines à EDF-GDF : regards d'hier (1985) et regards d'aujourd'hui », pp. 263 à 300, *in* H.Y. Meynaud, *Les sciences sociales et l'entreprise : cinquante ans de recherches à EDF*, La Découverte, 1996.

Margaret Maruani, sociologue, directrice de recherche au CNRS, au CSU-Iresco, directrice de la revue « Travail, genre et société, la revue du Mage » et membre du comité de direction du Mage.

Thèmes de recherche : les femmes et le marché du travail, la flexibilité et le temps partiel en France et en Europe, la sociologie de l'emploi.

Publications : Au labeur des dames, avec C. Nicole, ed. Syros, 1989 ; *Sociologie de l'emploi*, avec E. Reynaud, La Découverte, collection Repères, 1993 ; « L'emploi féminin à l'ombre du chômage », Actes de la recherche en sciences sociales, n°115, 1996 ; Introduction à M. Maruani ed, *Les nouvelles frontières de l'inégalité : hommes et femmes sur le marché du travail*, La Découverte, 1998

Catherine Marry, sociologue, chargée de recherche au CNRS, au Lasmas-Iresco, directrice du Mage.

Thèmes de recherche : comparaison des systèmes éducatifs et des qualifications en France et en Allemagne, sociologie des rapports hommes-femmes, étude des trajectoires des diplômé(e)s des grandes écoles scientifiques.

Publications : « Les ingénieurs : une profession plus masculine en Allemagne qu'en France ? » *L'orientation scolaire et professionnelle*, 1992, n° 3, pp. 245-267 ; « Femmes et sciences : une équation improbable ? L'exemple des normaliennes scientifiques et des polytechniciennes », *Formation-Emploi*, n° 55, juillet – septembre 1996, pp. 3 à 18 (avec Michèle Ferrand et Françoise Imbert) ; « L'excellence scolaire : une affaire de famille ? Le cas des normaliens et des normaliennes scientifiques », avec M. Ferrand, F. Imbert, CSU-Lasmas, DFP, 1997 ; « France-Allemagne : inégales avancées des femmes », avec A. Kieffer, H. Brauns, S. Steinmann, *Revue française de sociologie*, XXXIX, 1998.

Micheline Mauduit, directrice de formation cabinet de Brigitte Croff

Rachel Silvera, économiste, maître de conférences à l'université de Paris X, chercheur au Set-Matisse à l'université de Paris I. Elle est experte du réseau « Genre et emploi » pour la Commission européenne ; membre du comité de direction du Mage et du comité de rédaction de la revue « Travail, genre et société, la revue du Mage ».

Thèmes de recherche : l'emploi des femmes sur le marché du travail, les inégalités de salaire et le temps de travail.

Publications : « Le salaire des femmes, toutes choses inégales », la Documentation française, Collection droits des femmes, 1996 ; « Recomposition du temps de travail, rythmes sociaux et mode de vie », avec D. Anxo, J.-Y. Boulin, M. Lallement, G. Lefebre, *Travail et emploi,* n°74, 1998 ; « Les femmes et la diversification du temps de travail : nouveaux enjeux, nouveaux risques », *Revue française des Affaires sociales*, octobre 1998.

Achevé d'imprimer
par
RIVET PRESSE ÉDITION
Limoges

1er trimestre 2000